KB253655

설교 사역의 멘토링

설교 사역의 멘토링

초판 1쇄	2012년 3월 14일
지 은 이	정장복
펴 낸 이	김현애
펴 낸 곳	예배와 설교 아카데미
주 소	서울특별시 광진구 광장동 272-12
전 화	02-457-9756
팩 스	02-457-1120
홈페이지	www.wpa.or.kr
등록번호	제18-19호(1998.12.3)

디 자 인	디자인집 02-521-1474
총 판 처	비전북
전 화	031-907-3927
팩 스	031-905-3927
I S B N	978-89-88675-50-2

값 12,000 원

• 잘못 만들어진 책은 교환해 드립니다.

설교 사역의 멘토링

정장복 지음

WPA

목차

서문   7

1. 설교의 에토스 – 성언운반일념(聖言運搬一念)   13

2. 설교를 무엇이라 정의해야 하는지요?   23

3. 신언(神言)과 인언(人言)의 갈림길에서   33

4. 소명에 따른 설교자의 길   43

5. 소명을 받은 설교자가 갖추어야 할 것들   53

6. 설교자의 정체성에 대한 조언   65

7. 설교 준비에 소진(消盡)되어야 할 설교자   77

8. 한국교회 설교 사역의 진단   89

9. 언제나 기대치에 못 미치는 나의 설교 – 그 이유   101

10. 남의 설교집을 복사하는 문제   111

11. 설교의 기본 유형의 이해 123

12. 8가지로 분류되는 설교의 형태 135

13. 단계적인 설교의 절차 147

14. 설교와 간증의 차이점 161

15. 주어가 없는 목사의 설교 문장들 173

16. 좋은 설교를 만드는 일등 공신인 서론의 문제 185

17. 설교의 목적을 달성하는 좋은 결론 199

18. 한국교회 설교 사역자와 언어에 대한 관심 211

19. IT 시대에 설교자가 알아야 할 커뮤니케이션의 신학적 이해 223

20. 가까이에 있는 설교자의 성공적인 커뮤니케이션 233

부록: 그대의 설교, 과연 하나님의 말씀인가? 243

설교가 살아야
교회가 살게 됩니다.

설교는 매우 두려운 사역입니다. 그 이유는 설교가 설교자의 생각을 전하는 단순한 전달매체가 아니기 때문입니다. 설교란 66권에 실린 하나님의 말씀을 자신이 섬기고 있는 무리에게 올곧게 선포하고 정확하게 해석하고 효율적으로 적용하는 사역입니다. 바로 이 사역을 위하여 신학이 생성되었고 설교자는 책임 있는 말씀의 운반자(bearer)가 되기 위하여 신학이라는 틀 속에서 특수한 훈련을 받게 됩니다. 이 기간 동안에 자칫 잘못하면 타 학문처럼 자신의 지식창고에 신학을 담는 단순과정으로 여기게 됩니다. 그러나 선지 동산에서 배우는 신학은 교회 안에서 외쳐야 할 하나님의 말씀을 남다른 자세와 식견으로 깨닫는 바탕이 되어야 합니다. 그래서 모든 신학은 교회가 존재하는 곳에서만 그 생명이 이어집니다.

역사적으로 이어지는 신조에서 하나같이 교회의 정의를 말합니다. 교회란 하나님의 명을 받들어 성례가 바르게 집례되고 하나님의 말씀이 올바르게 선포되는 예배하는 공동체(Worshiping Community)라고 고백합니다. 이것이 바로 교회가 존재해야 할 이유이며 목적입니다. 특별히 말씀을 최우선으로 하는 개혁교회는 설교가 살아야 교회가 살고 설교가 죽으면 교회가 죽는다는 말을 수없이 반복해 오고 있습니다.

1884년 이 땅에 발을 내디딘 우리 한국교회는 거의 모두가 설교 사역에 처음부터 교회의 생명을 내걸고 오늘에 이르고 있습니다. 설교의 힘에 의하여 오늘의 성장을 이룩했다고 보아도 무리가 아닙니다. 그런데 최근에 이르러 말씀의 사역이 많이 이탈하고 있습니다. 설교의 이탈은 이제 갈수록 심해지면서 교회의 성장도 멈춘 지 벌써 수년째 접어들고 있습니다. 설교자가 옆에 꼭 끼고 있어야 할 교과서는 사라진 지 오래고, 설교의 신학과 기본 정신에 대한 관심 또한 멀리하고 있는 실정입니다. 이제는 설교의 위기가 고조에 달한 듯합니다. 설교는 인간의 말로 모두 장식이 되었고 하나님의 말씀이 잘 보이지를 않습니다. 그래서 예전 의식에 주안점을 두고 있는 천주교는 어느 때보다 성장의 나래를 펴고, 설교 사역에만 역점을 두었던 개신교는 어느 때보다 심각한 추락의 길을 걷고 있는 지금입니다.

이토록 설교 현장이 심각한 문제를 보이고 있는 시점에 졸저를 펴냅니다. 본서는 설교의 신학과 이론을 다루는 책이 아닙니다. 설교 지망생들을 위한 강의도 아닙니다. 또한 설교의 기술을 개발하는 책은 더욱더 아닙니다. 오직 설교하는 사람과 듣는 사람들이 흔히들 가져볼 수 있는 질문들을 앞에 두고 함께 대답을 찾는 작업을 시도해 보는 내용입니다. 그 내용들을 들으면서 자신의 위치를 서로가 확인해 볼 수 있었으면 하는 것이 이 한 권의 책이 원하는 것입니다. 자신에게 해당 되는 부분을 발견하고 스스로의 문제 해결에 조금이라도 도움이 될 수 있다면 이 책의 목적은 달성되었다고 보아도 무리가 아닙니다.

부족한 사람이 설교자를 키우고 훈련시키는 사역에 몸담은 지 32년을 넘기게 됩니다. 설교를 가르쳤던 사람으로서 제자들의 설교 현장을 찾아가 경청을 하고 나면 언제나 희비의 순간을 맞게 됩니다. 가르침보다 뛰어난 설교를 하는 제자들에게는 한없는 고마움을 느끼면서 행복의 의미를 실감합니다. 그러나 나의 가르침의 흔적이 보이지 않고 교과서의 내용이 전혀 적용되지 않고 있음을 볼 때는 참으로 괴롭기 그지없습니다. 심지어는 슬픈 마음으로, 마치 패잔병의 심정으로 터벅터벅 귀가합니다. 이때마다 공직을 떠나는 몸이 된 후 나의 할 일을 새롭게 다짐합니다. 그것은 바로 교수의 A/S입니다. 심각하게 오염이 되어 있는 내 제자들의 설교를 진단하고 교과서 내용으로 진단과 처방을 다시 알려주는 일입니다. 이제는 교회마다 갖고 있는 홈페이지를 통하여 목사의 설교를 보고 듣게 되는 시대이기에 이러한 A/S 서비스가 가능하다고 생각합니다.

본 졸저는 바로 이러한 나의 미래의 일을 위한 전초작업입니다. 설교가 살아야 한국교회가 살게 된다는 이 뜨거운 명제는 내 곁에서 언제나 불타고 있을 것입니다. 나의 설교교육의 에토스인 성언운반일념(聖言運搬一念)이 이 땅에 뿌리내리고 설교단에서 정착될 때까지 저는 땀 흘리며 기도하려 합니다.

하나님의 말씀을 운반하는 설교 사역에 이 작은 졸저가 조금이라도 쓰임을 받을 수 있다면 더 이상의 행복이 없겠습니다. 주님 다시 오실 때까지 모든 것이 다 사라지더라도 설교 사역만은 쉼 없이 이어져야 합니다. 그리고 우리 한국교회에서 올곧게 살아 생명력을 잃지 말아야 합니다.

2012년 부활절에

高德山 자락에서

설교의 에토스 – 성언운반일념(聖言運搬一念)

1 설교의 에토스 – 성언운반일념 _(聖言運搬一念)

Q. 설교의 신학과 이론에 대한 교육을 제대로 받지 못하고 신학교를 졸업한 사람입니다. 저의 신학교 시절에는 설교학을 학문적으로 깊이 전공한 교수가 없었습니다. 실천신학이라는 과목의 수업시간에 목회 현장의 목사님들이 와서 목회에 얽힌 이야기나 설교에 대한 경험담을 들려주었을 뿐, 학문적인 차원에서 설교에 전혀 접근하지 못했습니다.

막상 신학교를 졸업하고 나와서 직면한 것은 예배의 내용에 대한 이해와 구성과 진행이 맨 먼저 시급한 과제였으며, 그 다음으로는 설교를 어떻게 해야 할 것인지의 문제가 제 앞에 다가왔습니다. 그래서 남의 설교집을 집어 들고 그 내용들을 복사하여 응급조치를 취하면서 설교단에 서왔습니다.

그러다가 우연한 기회에 교수님이 집필하여 설교학 교과서로 사용하고 있는 『한국교회의 설교학 개론』이라는 책을 접하게 되었습니다. 그 책을 보면서 설교에 대한 저의 무지함을 반성하게 되었습니다. 그리고 많은 것을 새롭게 깨닫고 배웠습니다.

우선 그 책의 첫 장에 설교자가 가장 먼저 갖추어야 할 것이 설교의 에토스라고 언급하시면서 많은 설명을 하셨습니다. 그런데 워낙 생소한 주제라서 선뜻 이해가 되지 않습니다. 그래서 다시 한 번 에토스라는 주제에 대하여 교수님의 가르침을 받고 싶습니다. 좀 더 상세하게 말씀해 주셨으면 합니다.

A. 우선 진솔한 질문을 해주신 분에게 감사를 드립니다. 한국교회의 많은 설교자들이 질문하신 분과 같은 입장입니다. 1980년 이전에 신학대학을 졸업하신 분들은 대부분 이론신학에 치중된 신학교육을 받으셨습니다. 이러한 신학교육의 결과는 실천신학인 설교의 이론적 이해에 많은 부족을 안겨 주었음을 부정할 수 없습니다. 그 가운데서도 훌륭한 설교자들이 한국교회에 등장한 것은 참으로 기적 같은 일입니다. 그러나 설교자는 자신의 창의적 설교의 사고나 경험만으로 되는 것은 아닙니다.

하지만 많은 설교자들이 이러한 사실을 솔직하게 인정하고, 설교의 신학과 이론에 관심을 표명하고 배우려 하지 않습니다. 오직 설교집만을 찾는 발길이 바쁠 뿐입니다.

제가 설교학 강의에서 맨 먼저 강조하는 것은 설교의 에토스입니다. 에토스라는 말이 좀 생소하실지 모르나 이 단어는 매우 중요한 단어입니다. 에토스의 사전적 의미는 어떤 문화의 기틀이 되는 특질이나 정신을 말합니다. 그래서 이 에토스는 사회 집단의 기풍이 되고, 한민족이나 시대의 정신적인 풍조가 되기도 합니다.

이스라엘이 하나님을 모시는 시온주의를 민족과 국가의 특질로 삼고 나가는 것이나, 우리나라의 군사정부가 충무공의 유비무환을 국가의 기본 정신으로 하여 국민의 삶을 하나로 묶는 것이 모두 에토스를 갖춘 모습입니다. 우리 민족의 많은 가정이 가훈을 정하고 액자로 만들어 온 가족이 언제나 볼 수 있는 곳에 걸어둡니다. 그리고 이것을 온 가족이 지켜야 할 정신적인 바탕으로 삼고 있습니다. 이러한 것이 바로 에토스의 한 형태입니다.

Q. 말씀을 듣고 보니 에토스란 개인이나 가정이나 어느 집단을 한 정신으로 묶어 이끌고 가는 중요한 기본 정신이 된다는 말씀이군요. 그렇다면 설교자에게도 이러한 에토스가 필요하다는 뜻으로 해석이 됩니다. 교수님께서 오늘의 설교자들에게 에토스가 필요한 타당성을 먼저 말씀해 주셨으면 합니다.

A. 설교는 기본적으로 언어를 사용합니다. 그 언어는 기본적으로 설교자가 가지고 있는 사고의 지배를 받게 됩니다. 그 설교자가 설교에 대하여 어떤 근본 원리를 갖추고 있으며, 그가 설교의 본질을 어떻게 이해하느냐에 따라 설교의 내용과 형태가 달라집니다. 즉, 설교자가 가지고 있는 설교의 에토스에 따라 설교의 내용과 방향을 비롯하여 전달에 이르기까지 막대한 영향을 받게 된다는 말씀입니다. 그 중에서도 가장 중요한 것은 다음과 같습니다.

먼저, 설교자가 자신의 명확한 정체성을 갖추게 됩니다. 설교자가 하나님으로부터 받은 사명이 무엇인지를 알게 됩니다. 사명자로서의 실체를 깨닫게 됩니다. 자신이 어떤 목적을 가지고 무엇을 어떻게 행하여야 할 실존인지를 확인하게 됩니다.

둘째는, 설교자가 직면하기 쉬운 어떤 유혹이나 역경 속에서도 흔들림이 없습니다. 정확한 에토스에 잡혀 있는 설교자는 세상 속에서 육적인 요건만을 위하여 땀 흘리는 사람들과 다른 차원의 슬기가 있고 용기가 있습니다.

셋째는, 하나님의 인도하심을 요청할 수 있고, 인간 앞에 떳떳한 행진을 계속할 수 있습니다. 자신이 가지고 있는 에토스가 설교자의 욕구를 충족시키기 위한 것이라면, 어떤 경우도 하나님과 사람 앞에 고개를 들 수 없습니다.

넷째는, 설교자도 미처 알지 못하는 권위가 솟구쳐 납니다. 설교자의 모습이나 제반 요소가 연약함에도 불구하고, 그가 선포한 말씀에는 성령님의 강한 역사가 함께하심을 경험하게 됩니다.

끝으로, 바른 에토스 아래 설교 사역을 진행하는 설교자는 말씀의 뜻이 언제나 하나님 중심으로 이해됩니다. 그날의 말씀이 설교자 앞에 앉아 있는 회중의 비위에 맞추어 선포되거나 해석되지 않습니다. 이상과 같은 몇 가지의 사실만으로도 설교자가 바른 에토스를 갖추지 않고서는 설교 사역을 감당할 수 없다는 저의 주장에 동감을 하시리라 생각합니다.

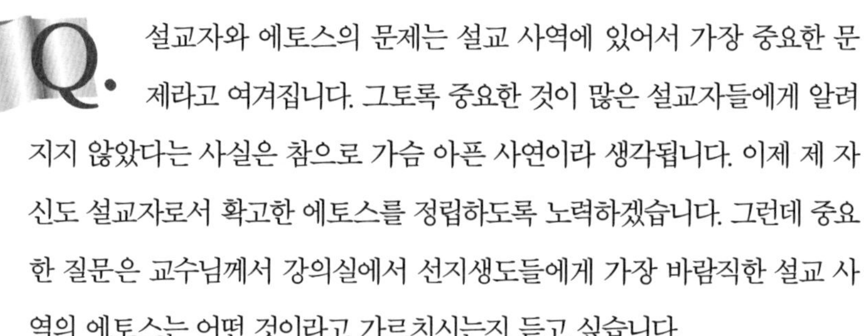

설교자와 에토스의 문제는 설교 사역에 있어서 가장 중요한 문제라고 여겨집니다. 그토록 중요한 것이 많은 설교자들에게 알려지지 않았다는 사실은 참으로 가슴 아픈 사연이라 생각됩니다. 이제 제 자신도 설교자로서 확고한 에토스를 정립하도록 노력하겠습니다. 그런데 중요한 질문은 교수님께서 강의실에서 선지생도들에게 가장 바람직한 설교 사역의 에토스는 어떤 것이라고 가르치시는지 듣고 싶습니다.

A. 설교자가 갖추어야 할 가장 바른 에토스는 성언운반일념(聖言運搬一念)입니다. 그 뜻은 글자 그대로 오직 하나님의 말씀만을 운반하겠다는 한결같은 마음입니다. 설교자가 하나님의 말씀을 받아 자신이 섬기는 양들에게 가져다주겠다는 오직 한 가지 생각에 전념하는 것을 말합니다. 운반이라는 말을 사용한 이유는 단순한 전달이 아니라, 하나님으로부터 받은 말씀을 손상하지 않고 오히려 찬란하게 빛을 발하도록 하여 하나님의 자녀들에게 가져다주겠다는 그 일념을 말합니다. 여기서의 일념이란 설교자로서 필요한 요소들을 부족함이 없이 다 갖추는 마음을 뜻합니다.

성언운반일념을 오늘의 설교 사역에서 필수적인 에토스로 간직해야 할 이유들이 있습니다. 그중에 하나는 무엇보다도 설교자가 '말씀의 종' 또는 '말씀의 사자'라고 불리고 있는데, 순수한 말씀의 사자로 부여 받은 임무를 수행하지 않고 있다는 점입니다. '말씀의 사자'라는 이름 아래 형성된 각종 권위는 다 누리려고 하면서, 거기에 따른 의무와 책임은 매우 등한시하는 모습들이 많이 보입니다. 이러한 모순은 때로는 무서운 결과를 초래합니다. 하나님이 원하시는 뜻보다는 설교자 자신의 입장에서 설교를 하고 있는 경우가 발생됩니다. 자신의 의견과 분석과 판단을 말하고서는 하나님의 말씀이라고 주장하는 심각한 탈선의 문제를 유발하게 됩니다.

그러나 성언운반일념을 자신의 설교 사역의 에토스로 가슴에 품고 있는 설교자는 설교자로서의 자세부터 다른 차원에 서게 됩니다. 하나님의 말씀을 운반하는 순순한 운반자로서의 정체성을 갖추게 됩니다. 자신을 말씀의 종으로 보낸 지존자의 심부름꾼으로서의 자세부터 가다듬게 됩니다. 스스로 마음가짐과 행동에서 말씀의 운반까지 정성을 다합니다.

설교의 기술 교육에만 집착하여 교육을 시키던 미국의 설교학계에 심각한 도전장을 던졌던 월레스 피셔(Wallace E. Fisher)는 다음과 같은 말을 한 적이 있습니다.

> "말씀의 증거자가 말씀의 전달자(Herald)로서 그 인격 안에 하나
> 님과 성육화되지 않는다면 그리스도와의 소통(communication)은
> 제한되고 왜곡되고 퇴화된다. 이것이 성경의 진리이다."

옳은 말입니다. 하나님의 말씀만을 운반하겠다는 설교자는 하나님의 말씀이 자신 속에 완전히 스며들고 그 말씀과 자신이 일체가 되는 높은 경지에 들어가지 않고서는 올곧은 설교 사역을 하기가 힘이 듭니다. 설교는 설교자 자신의 삶과 경험과 지식을 표준으로 삼을 수 없습니다. 오직 이 시대를 향한 하나님의 말씀만이 설교의 기본 내용이 되어야 합니다. 그렇기 때문에 성언운반일념이란 오늘의 설교자들이 당연히 갖추어야 할 기본 정신이며 바탕이 되어야 합니다.

말씀하신 설교의 기본 에토스로서의 성언운반일념은 이제 잘 이해되었습니다. 참으로 소중한 지적이며 설교의 기본 바탕임에 틀림이 없습니다. 이러한 절대명제인 성언운반일념을 수행해야 할 설교자는 실로 막중한 책임을 느끼지 않을 수 없습니다. 이처럼 성스러운 에토스를 갖추고 그대로 수행해야 할 설교자들이 필히 갖추어야 할 결단과 출발이 있어야 한다고 생각합니다. 이것에 필요한 성언운반자의 기초적인 결단과 이해는 무엇이라고 생각하십니까?

A. 그렇습니다. 아무나 성언운반일념의 수행자로 자임하고 나설 수는 없습니다. 자신이 성경을 많이 알고 기도를 많이 하는 그리스도인이라고 해서 성언운반일념의 설교 사역에 뛰어들 수 없습니다. 우선적으로 필요한 것은 소명(召命)의 단계로서 하나님으로부터 부름을 받아야 하는 최우선의 과제입니다. 그리고 하나님의 말씀을 바르게 전하기 위한 성경의 연구와 바른 신학에 대한 올바른 지식을 얻기 위한 교육과 훈련을 받아야 합니다. 마지막으로는 세속의 직업을 일체 갖지 않고, 오직 주님의 교회만을 섬기며 말씀을 전하는 것을 평생의 사명으로 알고 살아야 합니다.

여기서 언급한 소명은 존 칼뱅의 말대로 자신의 야망이나 탐욕이나 이기적인 욕심에서 이룩될 수 없다는 사실을 명심해야 합니다. 다시 말씀드리면 성언운반자의 사명은 쉽게 도전할 수 없는 일입니다. 자신이 받은 소명이 과연 하나님의 뜻에 의한 것인지, 아니면 스스로 찾아 나서는 자기위주의 판단에 의한 것인지를 잘 살피는 심각한 과정이 있어야 합니다. 성언운반자가 입성해야 하는 성(城)은 입구만 있을 뿐 출구가 없습니다. 성언운반자로 부름 받아 훈련을 받고, 세상의 생업을 포기하고 이 성 안에 들어오면, 오직 이 한길에 평생을 바칠 뿐 다시 되돌아갈 수 없는 매우 특수한 길에 서게 됩니다. 자신의 생명도, 주체성도, 사고의 주권도 모두를 성주(城主)에게 맡기고 오직 순수한 말씀의 운반을 맡은 종으로 살아야 하는 것이 참된 성언운반자의 모습입니다.

대화의 함축된 의미들

설교 사역의 중심 사상이 되어야 할 에토스는 분명히 성언운반일념(聖言運搬一念)이 되어야 한다. 지난 대화에서 본대로 설교자의 독무대로 변질된 오늘의 설교 현장에서 가장 절박하게 느끼는 것은 순수한 하나님의 말씀을 들을 수 없다는 문제이다. 하나님의 거룩한 말씀이 들려지지 않고 설교자의 잡다한 신변 이야기와 각종 예화로 채워진 설교에서 오늘의 그리스도인들은 거의 환멸에 가까운 심정에 젖어 있다. 비록 설교자의 강요에 못 이겨 '아멘'의 함성을 지르고 있지만, 그 함성은 설교자의 사기를 북돋아 주는 데 불과할 뿐 말씀을 통하여 하나님과의 진정한 만남에서 나오는 함성이 아니다. 시대가 발전하고 변화가 급속히 다가올 때마다 오늘의 회중은 순수한 하나님의 말씀이 자신들 앞에 펼쳐지기를 고대한다. 인간의 말과 판단과 지식의 나열이 아니라 거룩한 하나님의 말씀만을 운반하겠다는 각오를 하고 나선 설교자를 찾고 있다. 성언운반일념, 이것은 설교의 본질이며, 신속히 회복해야 할 설교자의 시급한 과제이다.

설교를 무엇이라
정의해야 하는지요?

2 설교를 무엇이라 정의해야 하는지요?

Q. 저는 설교자로서 활동한 지 20여 년을 넘기고 있습니다. 그런데 날이 갈수록 설교에 대해 어려움을 느끼고 있습니다. 내 자신이 설교를 한 후에도 이 설교가 과연 바른 설교인지에 관한 의문을 갖게 된 적이 여러 번 있습니다. 자신의 하는 일에 대한 확고한 이해와 신념이 없을 때 나타나는 현상이 저에게 최근 들어 생기고 있습니다. 이러한 회의(懷疑)가 늘어가는 것이 혹시 사탄의 시험이 아닌가 하는 생각도 듭니다. 흔들리기 시작하는 제게 적절한 조언을 부탁합니다.

A. 인간이 자신이 하고 있는 일의 기본적인 뜻, 본질적인 의미를 정확하게 이해하고 있어야 한다는 것은 하나의 상식입니다. 이것을 일반적으로 정의, 뜻매김이라고 얘기하는데요. 이것은 어느 일에 대한 확고부동한 일을 설정하는 가장 중요한 하나의 방편이라 말씀을 드리겠습니다. 예를 들어, 예배가 무엇이냐고 물을 때에 그것에 대한 정확한 정의를 제대

로 내리지 못한다면 예배의 방향과 내용이 흔들릴 수밖에 없습니다. 한국
교회의 현란한 예배의 현장을 갈 때마다 예배가 무엇인지를 예배를 인도하
는 사람은 알고 있는지 스스로에게 질문을 던져보고는 합니다. 설교도 마
찬가지입니다. 설교가 어떤 것이라는 명확한 정의를 가지고 있는 설교자와
그렇지 못한 설교자의 설교는 확실히 다릅니다. 설교 사역의 의미를 알고
방향과 목적을 설정하는 설교자의 설교를 통해서는 회중은 하나님과 만나
게 됩니다. 그렇지 못한 경우에는 회중이 설교자만 바라보고 그 인물만 감
상하다 집으로 돌아갑니다. 이러한 차원에서 설교학에서는 설교의 정의를
매우 소중하게 생각합니다. 장차 설교 사역에 평생을 보낼 자신들이 수행해
야 할 설교가 무엇인지 모르고서야 한 발자국도 나아갈 수 없습니다. 질문
하신 분 또한 자신의 설교 사역에 대한 정의를 가지고 있어야 합니다. 그래
야 설교가 흔들리지 않고 바르게 나갈 수 있습니다.

 솔직히 말씀드리면 저는 3년 동안의 신학교육에서 설교학에 대
해서 제대로 교육을 받지 못했습니다. 순수설교학을 전공한 교
수가 없어서 목회 현장에서 설교를 하고 계신 분들의 이야기로 설교학 수
업시간을 보내고는 했습니다. 그래서 '이것이 설교'라는 명확한 설교의 정의
를 공부하지 못했습니다. 설교자로서 확고하게 알아야 할 설교의 정의를 듣
고 싶습니다.

A. 질문자가 자신의 문제점을 솔직히 인정하면서 말씀해 주시니 반
갑습니다. 설교 현장에서 설교의 정의를 충분하게 이해하지 못하

면서도 그것을 알려고 하는 분들이 적고, 그것을 인정하지도 않습니다. 그리고 마치 자신이 설교의 대가인 것처럼 생각하는 분들도 많습니다. 그러나 이렇게 배우지 못한 것을 드러내며 배우려 하는 열의에 존경을 표합니다.

칼뱅을 비롯해서 많은 설교의 신학자들이 설교의 정의를 내리고 있습니다. 칼뱅은 설교를 구약의 선지자들, 그리고 사도들과 맥을 이어가는 사역으로 이해하고 있습니다. 그래서 칼뱅에 의하면 하나님은 오늘도 설교자를 매체로 하여서 그가 원하시는 말씀을 들려주며, 이 사역을 통해 말씀의 선포를 계속하신다고 합니다. 나아가 칼뱅은 "설교자의 입에서 나오는 말은 곧 하나님의 말씀이다."라고까지 말합니다. 그 종교개혁가들의 정신을 이어받은 많은 신조들이 있는데, 신조들도 설교를 다음과 같이 말합니다. "설교는 하나님 자신의 말씀이다. 선택하여 부름 받고 훈련 받은 종을 통하여 성경에 기록된 말씀을 곧 선포하게 하고, 해석하게 하고, 삶에 적용하게 하는 그것이 바로 설교이다." 또한 필립스 브룩스 같은 설교 신학자는 이런 말을 합니다. "설교란 한 사람에 의해서 다수의 사람에게 전해지는 진리의 전달, 곧 진리의 커뮤니케이션이다."

이런 설교의 정의들을 종합해 다음과 같은 정의를 내려 보았습니다. "설교란 택함 받은 설교자가 그 시대의 커뮤니케이션을 통하여서 회중에게 하나님의 말씀인 성경의 진리를 선포하고, 해석하고, 이 진리를 회중의 삶에 적용하게 하는 것이다. 이것은 반드시 성령님의 감화하심에 따라 이루어져야 한다." 이런 정의를 가지고 교육을 시키고 있습니다.

Q. 감사합니다. 말씀하신 설교의 종합적인 정의를 듣고 많은 것을 생각하게 됩니다. 그 정의 안에는 많은 요소들이 함축되어 있음을 느끼게 됩니다. 좀 더 상세한 안내를 받고 싶어서 계속해서 여쭈어보겠습니다. 특별히 설교 사역을 감당하는 '택함 받은 설교자'라는 표현이 가슴에 와 닿습니다. 이 말씀은 설교는 선택을 받지 않고서는 할 수 없다는 말씀인지 궁금합니다. 그러면 하나님이 저를 선택하고 부르셔서 설교 사역을 감당하고 있다는 말씀인지요?

A. 설교는 아무나 할 수 있는 사역은 아닙니다. 특수한 사역입니다. 신앙의 연륜과 풍부한 경험을 토대로 다른 사람의 신앙에 유익이 되는 것을 말하는 것이 아닙니다. 그것은 신앙의 간증입니다. 어떤 사람들은 성경을 많이 읽고 말씀의 뜻을 잘 터득했기에 다른 사람에게 가르친다고 합니다. 그것도 설교가 아니라 성경공부 혹은 강의가 됩니다. 설교란 무슨 메시지를 전하느냐, 또 메시지가 무엇이었냐보다는 누가 그 메시지를 전했는가가 매우 중요합니다. 일반적인 관점에서 메시지를 구분할 때 지식의 척도에 따라 내용이 달라질 수 있습니다. 누가 얼마나 준비해서 전했느냐를 살펴볼 필요가 있습니다. 누구나 서점에 즐비한 설교집에서 설교 한 편을 골라 설교할 수도 있다고 생각할 수 있습니다. 그러나 설교는 아무나 그렇게 할 수 없습니다. 설교자의 존재는 하나님이 그를 선택하고 부르셔서 훈련시켜 내보낸 하나님의 도구입니다. 그렇기 때문에 선택 받은 설교자라는 말을 확고하게 사용하게 되었습니다.

Q. 말씀해 주신 정의를 숙독하고 음미해 보면서 "내가 하나님의 말씀인 성경의 진리를 바르게 선포하고, 정확하게 해석하고, 효율적으로 적용시키고 있는가?" 하는 질문이 다시 생기게 됩니다. 이런 질문을 언제까지 해야 하고, 이 질문의 바른 대답을 어떻게 내놓아야 하는지 몹시 궁금합니다.

A. 여기서 문제가 생기는데요, 아무나 설교를 할 수 없는 이유가 여기 나타납니다. 세 단어가 나타납니다. 선포(proclamation), 해석(interpretation), 적용(application), 이 세 단어를 중심으로 설교자는 쉼 없이 "나는 하나님의 말씀인 성경의 진리를 바르게 선포하고, 정확하게 해석하고, 효율적으로 이 진리를 회중의 삶에 적용하고 있는가?"라는 질문을 계속해야 합니다. 이 질문이 하루라도 멈추게 되면 설교가 달라지게 됩니다. 그래서 이 질문은 설교자로 살면서 평생 동안 해야 합니다. 어느 한순간도 멈출 수 없습니다. 설교자에게 중요한 것이 있다면, 이 세 단어입니다. 하나님의 말씀을 선포해 주고, 회중이 알지 못하기에 친절하게 자기의 지적인 기능을 모아 해석해 주고, 그 말씀이 어떤 현장에 필요한지, 소위 말씀의 현장화를 고려해야 합니다. 이 세 가지 임무는 평생 동안 지속되어야 합니다. 설교를 준비할 때마다, 단에 설 때마다 하나님의 말씀인 이 본문을 바르게 선포했는가, 정확하게 해석했는가, 그리고 이들의 삶 속에 살아 움직이는 진리의 양식으로 적용했는가 하는 이 문제는 설교자가 평생 동안 쉼 없이 해야 할 질문으로 여기고 있습니다.

Q. 말씀하신 설교의 정의 가운데 함축되어 있는 한 가지 내용에 대해 여쭈어보겠습니다. 다름이 아니라 제가 현대의 설교자로서 메시지의 전달과 방법이 이 시대와 동떨어져 있지 않은가 하는 질문입니다. 이 시대에 설교 사역을 담당하고 있는 사람으로서 메시지의 효과적인 전달이 새삼스럽게 중요함을 느낍니다. 이런 내용 역시 평소에 고민했던 문제들 중 한 가지인데, 여기에 대해 언급해 주셨으면 합니다.

A. 말씀드렸던 하나님의 말씀을 선포하고 해석하고 적용한다는 것은 상대방에게 말씀을 운반함을 고려할 때 커뮤니케이션이라는 도구를 활용하지 않고는 도저히 이루어질 수 없는 일입니다. 이 커뮤니케이션에 대해 예를 듭니다. 유치원생이 놀고 있을 때, "그것은 칸트의 인식론에 비추어 보면 잘못된 거야."라고 말했다고 한다면, 유치원생의 지적인 수준, 그들의 용어, 삶의 환경을 고려하지 않은 일방적인 언어의 선포가 되어 웃음거리가 됩니다. 커뮤니케이션은 말 자체가 같이 공유(共有)한다는 말입니다. 어떻게 하면 내가 준비한 진리를 듣고 있는 저 사람에게 운반해 저 사람의 가슴에도, 내 가슴에도 똑같은 진리가 동시에 살아 움직이게 할 수 있느냐 하는 문제에 커뮤니케이션의 성패가 달려 있습니다. 그래서 설교자는 이 커뮤니케이션의 문제에 관심을 깊이 가져야 합니다. 질문 중 메시지 전달 방법이 이 시대와 동떨어져 있지 않느냐의 문제를 언급했습니다. 그렇습니다. 이 시대에 사용하고 있는 언어, 내 회중이 가지고 있는 지적인 기능, 이들이 살고 있는 삶의 양태, 이 모든 것들이 단순한 언어입니다만, 그것에 승선해야 운반됩니다. 이것만으로는 안착하지 못합니다. 그래서 소위 전달 방법, 커뮤니케이션은 설교자들의 가슴 속에 언제나 심어져야 할 질문입니다. 폴 틸리히는 유명한 말을 했습니다. "커뮤니케이션이 되지 않는 진리는 진리가

아니다." 그렇습니다. 진리가 곧 하나님의 말씀입니다. 이 진리가 나에게만 있고 전달되지 않는다면, 그것은 진리로서의 가치를 잃어버립니다. 같은 언어도 음정의 높낮이의 리듬, 언어 속도의 리듬, 이런 것들이 갖추어져 있어야 효과를 거둔다는 말이 있습니다. 또 같은 언어도 아름다운 문장, 상상력이 풍부한 문장, 음절, 구와 구, 절과 절이 명확하게 표기되어 정확하게 전달되는 언어, 정확한 발음과 편안하게 들리는 언어, 이 모든 것이 커뮤니케이션에 사용되어야 할 요소들입니다. 이것에 대해서 무관심한 자세는 바람직하지 않습니다. 정확한 커뮤니케이션에 관심을 기울여야 합니다.

***

Q. 가르쳐 주신 설교의 정의는 간단한데, 그 안에 담겨진 주제들이 많음을 알게 되었습니다. 그런데 교수님께서 그 정의의 마지막 부분에 설교가 성령님의 감화하심에 의해 이루어져야 한다고 말씀하셨습니다. 이때의 성령님의 역사는 설교의 어느 부분을 두고 하신 말씀인지 듣고 싶습니다.

A. 성령님의 감화하심이라는 말은 "under dynamic of Holy Spirit" 입니다. 성령님의 어떤 역동적 역사 아래서 이루어진다는 말인데요, 흔히들 성령님의 역사하심은 설교단에 올라와서 구합니다. 이것은 잘못된 일입니다. 성령님의 역사는 단순하게 그 순간에 의지하는 것이 아닙니다. 성령님의 역사는 설교 본문을 선택하려는 순간부터, 주제를 선정하려는 순간, 설교 자료를 하나하나 찾는 과정, 설교 원고 작성을 하는 마지막까지 설교 전체를 두고 구하는 것이 성령님의 감화하심입니다. 성령님의 감화하

심이 무엇을 말하느냐를 묻는다면, 설교는 인간의 힘으로 되는 것이 아님을 말하고 싶습니다. 인간의 힘을 총동원해서 아름다운 수사체를 넣어 설교한다는 것은 하나의 독백에 불과합니다. 회중의 가슴을 여는 것은 성령님의 감화하심입니다. 그래서 절박한 기도는 "성령님께서 나를 도구로 삼으셔서 내 자신은 감추시고 원하시는 말씀을 성령님께서 여신 내 마음에 넣어주십시오."라는 간구가 되어야 하고, 이것이 바로 성령님의 감화하심에 대한 깊은 뜻입니다. 이것이 없이 설교를 계속한다는 것은 매우 힘이 들 뿐만 아니라 인간의 언어로 단조롭게 끝이 납니다. 그리고 설교가 고역이 됩니다. 그러나 성령님의 역사하심이 함께하심을 느끼면 설교는 날개를 달고 훨훨 날아 회중의 가슴에 심어집니다.

대화의 함축된 의미들

　성경의 진리, 설교자, 회중이라는 세 개의 원이 관계를 가지고 만나게 되는데, 그 만나는 지점에서 설교가 발생된다. 설교자가 이 만남의 현장에서 해야 할 일은 세 가지이다. 성경의 진리를 회중에게 선포, 해석, 적용시켜야 하는 기능이다. 그런데 성경의 진리와 설교자와 회중만 있게 된다면 설교는 하나의 독백으로 끝나고 만다. 이 세 기능을 품에 안고 있는 성령님의 역사가 최우선적으로 필요하다. 설교 사역 전체를 이끄시는 성령님의 역사에 유능한 도구로서 쓰임 받은 설교자임을 자임할 때, 설교는 정상적인 궤도에서 달리게 된다. 그리고 회중과 설교자가 원하는 은혜가 충만한 결과를 가져온다.

신언(神言)과 인언(人言)의
갈림길에서

3 신언(神言)과 인언(人言)의 갈림길에서

Q. 저희 목사님은 오늘도 우리에게 한 편의 설교를 전하시기 위해 애쓰며 속을 태우고 계십니다. 그런데 저희들이 항상 미숙하기 때문에 목사님의 그 노심초사하시는 마음을 다 헤아리지 못하고 있습니다. 목사님은 신문 기사 하나를 보시거나 어디에서 한마디의 이야기를 들으셔도 우리들에게 들려주실 한 편의 설교와 연관을 지으면서 주의를 기울이십니다. 우리들이 밤에 편안히 잠을 잘 때도 목사님은 그 많은 설교를 준비하시느라 서재에 불을 밝히고 계십니다. 이렇게 준비해서 설교단에 서신 목사님을 바라보면서 앉아 있는 저희들 마음속에 자연스럽게 존경하는 마음이 가득하고, 늘 고마운 마음을 갖게 됩니다.

그러나 설교는 강의하고 달라서 설교 중에 여쭤보거나 대답을 들을 길이 없어서 답답한 순간도 있습니다. 강의 시간이라면 묻고 싶은 질문이 있을 때 서슴없이 물어보고 목사님의 명쾌한 답변을 들을 수 있을 텐데 설교 시간에는 그렇게 하지 못합니다. 오로지 일방적으로 설교단에서 주시는 말씀에 저희들은 귀만 기울이게 되고 입은 열지 못합니다. 이렇게 설교에 대한 어떤 질문도 드리지 못한 채 이제까지 신앙생활을 해왔습니다. 지내놓고 보니 목사님과 마주 앉아 진솔하게 대화를 할 수 있었다면 목사님과 더욱 가까워질 수 있을 텐데 하는 아쉬움을 금하지 못하고 있습니다.

이렇게 설교에 대하여 질문을 한다는 그 자체가 자연스럽지 못합니다. 감히 설교에 대해 당돌하게 질문을 던진다는 발상이나 행동 자체도 현명하지 못할 수 있겠구나 하는 두려움 때문에 몹시 망설여집니다. 그런데 지금까지 설교에 대해 비판적으로 분석하는 것이나 질문하는 것이 용납되지 않았던 설교의 현장이 달라져야 한다고 생각합니다. 적어도 설교에 대해 회중이 무엇을, 또 어떻게 생각하고 있는지를 아셔야 보다 효과적으로 커뮤니케이션을 하실 수 있겠다는 마음이 들어 앞으로 질문을 드리려고 합니다. 이렇게 질문을 드리는 것이 어떨지, 또 이런 제 발상이나 행동이 과연 적절한 것인지 궁금합니다. 혹시라도 설교하시는 목사님에게 누를 끼치는 무례한 행위는 아닌지 여쭙고 싶습니다.

A. 설교에 대하여 사려 깊은 자세를 보여주심에 우선적으로 감사합니다. 그렇습니다. 설교 사역자들이 한 편의 설교를 위하여 쏟는 그들의 시간과 노력의 땀은 예상을 뛰어넘습니다. 특별히 그들의 정신이 온통 설교를 위하여 모아져야 하는 삶을 내내 살고 있습니다. 설교자들은 설교가 끝난 다음 좋은 반응을 보일 때는 가장 행복한 존재가 되고, 그렇지 못할 때는 가장 비참한 패배감을 안고 슬퍼합니다.

솔직히 말하면, 설교를 듣고 있는 회중으로부터 예리한 분석이나 부정적인 평가가 담긴 질문을 듣게 되노라면, 설교자는 더욱 피곤해질 수밖에 없습니다. 때로는 좌절의 늪에 서기도 합니다. 오직 듣고 싶은 것은 "감사합니다. 큰 은혜를 받았습니다."의 반응뿐이기도 합니다. 그럴 때 설교자에게 쌓였던 피곤이 풀리고, 다음 설교를 위하여 새로운 용기가 솟아나기도 합니다.

그러나 설교에 대한 찬사만이 이어지는 곳에서는 설교의 이탈이 발생됩니다. 예리한 눈길이 없는 곳에서는 설교자는 교만의 세계에 진입하기 쉽습니다. 설교를 듣는 분들이 마음을 열고 진실하고 솔직한 반응을 보여주어야 함이 당연합니다. 뿐만 아니라 설교자 역시 설교의 효과적인 발전을 위하여서는 자신의 설교를 듣는 회중과 설교에 대한 활발한 대화가 이루어져야 합니다. 어떤 질문이라도 수용할 수 있는 마음의 여유가 있어야 합니다. 그래서 이 시대는 설교가 일방통행이 아니라 양방통행을 수용해야 진정한 커뮤니케이션이 이루어집니다.

여기서 부탁드리는 바는 설교를 듣는 회중이 무엇보다도 설교자를 위해 기도에 앞장서야 한다는 점입니다. 비판을 위하여 설교에 귀를 기울이고 있다는 것은 설교자를 가장 어렵게 만드는 일입니다. 설교에 대한 질문이나 평가들이 조심스럽게 이어지지 않으면, 설교자는 설교에 대한 의욕과 용기를 상실하게 됩니다. 설교자가 매주일 설교단에서 명쾌한 자세를 상실하고 시험을 치르는 수험생으로 회중 앞에 서야 한다면 그 교회의 미래는 밝아질 수 없습니다.

Q. 제 첫 번째 질문은 설교가 과연 하나님의 말씀인지 하는 부분입니다. 설교하시는 분들이 가끔 "하나님의 말씀으로 믿으면 아멘 하시오."라고 말씀을 하시는데, 듣는 입장에서 그렇게 한목소리로 아멘 하

는 것이 마음에 거리끼면서 불편할 때가 있습니다. 왜 그런가 하면 설교자가 자기 이야기와 예화로 설교 시간을 다 채운 다음에 몇 마디 더 하시고서 "이게 하나님의 말씀이다, 그러니 믿어라, 믿으면 아멘 하라."고 하시는 경우가 너무나 많기 때문입니다. 아무리 생각해도 그런 설교를 하나님의 말씀이라고 믿기는 어렵지 않나 하는 생각이 듭니다. 이러한 설교도 과연 하나님의 말씀이라고 할 수 있는지 여쭈어보고 싶습니다.

A. 매우 중요한 질문입니다. 하나님이 공적으로 인간에게 들려주신 말씀은 신학적으로 3가지의 경로를 가지고 있습니다. 첫째는 기록으로 주신 말씀입니다. 바로 66권으로 정리되어 있는 성경말씀입니다. 둘째는 선포를 통하여 주신 말씀입니다. 즉, 선택하여 훈련을 시킨 말씀의 종으로 하여금 설교라는 방편을 통하여 들려주시는 말씀입니다. 셋째는 보여주시고 참여시키는 말씀입니다. 이것은 매주일 예배 가운데서 그리스도의 희생과 부활을 기리는 성찬성례전입니다.

이러한 개혁교회의 신학에 따르면, 분명히 설교자의 입을 통하여 들려주는 설교는 하나님의 말씀으로 받아들여야 함이 틀림없습니다. 종교개혁가로서 하나님의 말씀을 기독교신학의 최우선으로 여겼던 칼뱅도 다음과 같은 말을 남긴 적이 있습니다.

"인간의 입으로 나온 말은 하나님의 입을 통하여 나온 말씀과 동일하다. 왜냐하면 하나님께서는 하늘로부터 직접 말씀을 선포하시는 것이 아니라 인간을 그 도구로 사용하시기 때문이다."

생각하면 설교자에게 가장 무서운 말씀입니다. 단순한 인간의 분석이나 자신의 이야기, 또는 흥미로운 예화로 장식된 설교를 "하나님의 입을 통하여 나온 말씀과 동일하다."는 말로 미화시킨다는 것은 참으로 위험한 발상입니다.

칼뱅의 이러한 표현은 죄 많은 인간들이 하나님을 직접 뵙고 말씀을 들을 수 없기에 하나님은 언제나 선지자들을 통하여 백성들이 들어야 할 메시지를 듣게 하였다는 뜻입니다. 바로 이러한 맥락을 오늘의 설교자들이 이어가고 있음을 칼뱅은 확인해 주고 있습니다.

그런데 문제는 이토록 막중한 설교 사역을 감당하시는 분들이 취하는 하나님의 말씀이라는 이름 아래 펼쳐진 설교의 내용과 그 자세에 대한 이해입니다. 질문하신 대로 스스로를 하나님 말씀의 사자라고 하면서 순수한 말씀의 전달은 없고, 자신의 견해와 판단과 지식과 경험을 펼치는 데 문제의 심각성이 대두되고 있습니다.

이러한 설교를 듣고 있는 회중이 때로 심한 갈등을 느끼고 있다는 사실은 놀라운 일이 아니고 어쩌면 당연한 반응이라고 보는 것이 무리가 아닙니다. 그러나 하나님의 말씀을 외치는 설교는 언제나 인간의 언어와 사고를 빌려서 회중에게 들려진다는 사실을 이해한다면, 설교를 경청하는 사람들의 자세 또한 비판적 자세보다 긍정적인 자세를 유지해야 함이 옳다고 봅니다.

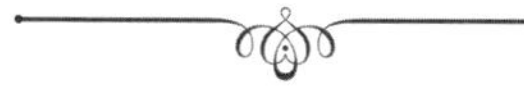

Q. 지난 20년간 설교를 해오신 어느 목사님이 언젠가 이런 질문을 하셨습니다. 그분도 정성을 다해 설교를 하고 난 다음에 내가 과연 하나님 말씀을 외쳤는지, 아니면 자기 말을 했는지 스스로 질문을 던졌

는데, 그 대답이 명확하게 들리지 않음을 느끼셨다고 합니다. 그때마다 설교자로서 깊게 고민하게 되었고, 그렇게 확신을 갖지 못하는 원인이 무엇인지 알고 싶으셨다고 합니다. 순수하게 하나님의 말씀을 전하면, 그 말씀이 선포될 때 내가 섬기는 교인들이 하나님과 만나게 될텐데 하는 생각이 들어서 그렇게 되기를 간절히 바랐다고 하셨습니다. 그런데 그런 간절한 마음은 그야말로 바라는 마음에 그치고 설교 현장에서 순수하게 하나님 말씀만 외치지 못하는 것이 현실이었다고 합니다. 이 문제를 해결하기 위해서 시원한 해결책이 설교자 모두에게 있어야겠다고 생각하는데, 이런 문제를 위한 설교의 원리는 없습니까?

A. 매우 현실적인 질문을 하셨습니다. 그렇습니다. 많은 설교자들이 고민하는 문제를 말씀하셨습니다. 우리 개신교는 설교자가 성경을 자유롭게 해석할 수 있는 권한이 있습니다. 그래서 설교자마다 자신이 새롭게 말씀을 해석하려는 의도를 가지고 본문을 접합니다. 이러한 노력은 신선하고 창의적인 결실도 있지만, 때로는 말씀의 뜻이 왜곡되는 해석을 유발하기도 합니다. 이 점이 바로 설교자들이 긴장해야 할 부분입니다.

거기에 더하여 본문의 해석은 두 갈래의 방향에서 생각하게 됩니다. 하나는 말씀의 주인이신 하나님의 입장입니다. 하나님은 무슨 목적을 가지고 이 말씀을 그 시대에 하셨고, 오늘 우리에게 들려주기를 원하시는지 그 뜻을 찾는 일입니다. 또 하나는 인간의 입장입니다. 나는 어느 지점에 서서 이 말씀을 들어야 할 것이며, 그 말씀이 나의 삶에 무슨 뜻이 있는지를 생각하는 경우입니다. 문제는 설교자가 말씀의 깊은 뜻의 터득보다는 그 말씀이 필요한 인간의 삶의 장에 너무 깊은 관심을 가졌을 때, 설교자는 필연적으로 자신의 견해와 지식을 더 많이 동원시키는 결과를 가져옵니다.

사실 한국의 설교단에서 느끼는 것은 하나님의 말씀이 순수하게 선포되고 해석되는 경우보다는 회중의 삶의 장에 실감나게 적용시키는 데 많은 시간을 보내고 있다는 사실입니다. 그래서 구수한 예화의 수집이 석의 작업보다 우선적인 일로 여겨지는 결과를 가져옵니다. 기독교 역사에 있어서 위대한 설교자들은 설교자들에게 인간적인 말은 최대한 줄일 것을 부탁합니다. 그리고 설교에서 하나님이 보이게 하고, 그 말씀이 광채를 발하면서 들려지도록 할 것을 권하고 있습니다.

대화의 함축된 의미들

시대의 변천에 따른 정보 매체의 개발은 이 땅에 더 이상 수직문화의 지배를 받지 않는다. 이제는 수평문화의 정착으로 옳고 그름을 누구나 부담 없이 가리는 시대가 벌써 이 땅에 정착되었다. 설교도 더 이상 일방적으로 들려주는 데에만 초점을 맞추었던 시대를 벗어났다. 이제는 회중이 들려오는 메시지를 여과해서 수용하는 수준에 도달하였다. 그래서 그들이 설교를 어떻게 생각하고 무엇을 원하는지에 관하여 오늘의 설교자들은 귀를 기울여야 한다. 거기에 더하여 그들이 마음을 열고 설교에 대한 기탄없는 피드백을 보낼 수 있는 길을 열어놓아야 한다.

오늘의 회중은 무조건 "하나님의 말씀인 줄 믿으면 아멘 하시오."에 맹종하지 않는다. 이제 그들의 지적인 기능이 여과장치를 갖추고 있다. 오늘의 설교 사역의 장은 들려진 설교가 과연 하나님의 말씀인지를 식별하여 수용하는 현실로 변화되었다. 즉, 오늘의 회중은 설교자의 말 가운데 어디까지가 하나님의 말씀(神言)이며, 어디서부터가 설교자의 말(人言)인지를 분별할 수 있는 능력을 갖추고 있다. 그러하기에 현명한 설교자로 오늘을 살아가기를 원하는 강단의 주역은 순수한 하나님의 말씀만이 자신을 통하여 뚜렷하게 선포되고, 정확하게 해석되고, 회중의 삶에 효율적으로 적용되는 데에 심혈을 기울여야 한다.

소명에 따른
설교자의 길

4 소명에 따른 설교자의 길

저는 신학교를 졸업하고 이제 막 목사고시를 치른 설교 초년생입니다. 지난 대화에서 언급하신 설교의 에토스에 관하여 많은 생각을 해보았습니다. 설교자가 하나님의 말씀만을 순수하게 운반해야 한다는 말씀에 그 당연성을 인정하면서도 그 일이 매우 어려우리라는 생각을 해보았습니다. 특별히 성언운반을 생의 목표로 삼고 그 사역에 들어선 생명은 좌우를 기웃거리지 못하고 말씀의 주인만을 쳐다보면서 오직 한길만을 걸어야 한다는 말씀은 저에게는 매우 심각하게 들렸습니다.

신학교를 지원할 때 이미 그 길이 순탄하거나 화려한 길이 아님을 알고 기쁘게 입학을 했으나, 지금은 몹시 어깨가 무거워집니다. 한 인간으로서 감당하기 어려운 길이라면 차라리 그 길에 발길을 내딛지 아니함이 현명한 것은 아닌지 고민을 하게 됩니다. 이러한 갈등은 저만의 문제가 아니라 목사 후보생들의 공통된 고민이며 관심사라고 생각합니다. 여기에 대한 인간적인 이야기를 듣고 싶습니다.

A. 매우 반가운 질문입니다. 설교자의 삶은 확실히 다른 길을 걷는 사람들과는 차이가 많습니다. 동일한 육체적인 구성요소를 가지고 있지만, 자신들이 걷는 길에 따라 사고와 삶의 양태가 각각 다릅니다. 특별히 목사로서 설교 사역을 충실히 감당하려는 말씀의 종은 그 걷는 길이 확실히 구분되어 있습니다. 그것은 화려한 모습이 아니라 매우 험준하고 고달프고 외로운 길처럼 여겨질 때가 많습니다.

우선 양들을 섬기는 자세에서 언어와 행동이 제한을 받습니다. 저는 강의실에서 늘 주지시키는 말이 있습니다. "목사가 되면 그때부터 그대들의 입에서는 '감사합니다', '좋습니다', '애쓰셨습니다'의 말만을 하도록 하라. 도저히 수용할 수 없는 말이 나올 때는 '일리가 있습니다', '생각해 보겠습니다'의 말을 할 뿐 직접적인 반대의사도 표현하지 마라."라고 합니다.

그렇습니다. 목사로서 걸어야 할 길은 평탄할 길이 아닙니다. 외롭고 고단한 길임에 틀림이 없습니다. 저는 목사후보생들의 교육을 맡고 있는 사람으로서 때로는 내 앞에 앉아 있는 그들을 처다볼 때마다 측은한 생각이 들 때가 많습니다. 갈 길이 먼 많은 젊은이가 왜 하필이면 이 험준한 길을 찾아 들어왔는지 생각하면서 동정어린 마음을 가질 때가 많습니다.

그러나 이러한 것은 모두 세속적인 삶에 기준을 둘 때 나타나는 현상입니다. 한 인생이 이 땅에 태어나 차원이 다른 세계에 도전할 때는 그 가치 기준이 달라질 수밖에 없습니다. 그 가운데서도 사망을 향하여 달려가던 자신을 그리스도이신 예수님이 대신 그 생명 바쳐 살려주시고 하나님의 자녀로 구원시켜 주신 놀라운 은총을 깨달았을 때는 많은 변화가 옵니다. 더욱이 이 구원의 복음을 전하는 사명자로 나서겠다는 결단이 확정된 사람은 새로운 가치 기준이 설정됩니다. 많은 시간 멸시와 천대와 가난과 외로움이 밀려오더라도 거기서 좌절하지 않습니다. 그러한 상황이 그리스도를 위한 것이라는 확신이 서면 오히려 기쁨의 요소가 됩니다. 남이 알지 못하는 희열과 행복의 조건이 됩니다.

━━━━◈━━━━

Q. 감사합니다. 낮은 차원의 생각으로 짓눌렸던 저의 어깨가 새롭게 펴지고 있습니다. 진정 새로운 가치관을 즐기면서 살아가는 목회의 길이 되도록 노력하겠습니다.

주시는 말씀은 지난 대담에서 말씀하신 하나님의 부르심, 즉 소명과 직결된 문제라고 여겨집니다. 소명에 대한 확고한 신념이 있어야 말씀하신 그 희열과 감사가 발생하지 않겠습니까? 세상적인 욕구를 벗어난다는 자체도 소명이라는 절대 명령 앞에 선 자신을 깨달은 다음에야 가능하지 않겠습니까? 불확실한 소명의식을 가지고는 그러한 경지에 들어가기가 힘이 들 것으로 여겨집니다. 그러한 면에서 소명의 확신은 매우 값진 것이라고 여겨집니다.

저의 소견으로는 한국교회 초기 거의 모든 설교자들은 확고한 소명의식으로 가득 차 있었고, 그러한 전통은 오늘도 이어지고 있는 듯 느껴집니다. 전통적으로 한국교회에서는 이 소명에 대한 가르침이 어떠했는지 궁금합니다.

A. 매우 중요한 문제를 제기하셨습니다. 그렇습니다. 설교자가 되는 것이 결코 우발적일 수는 없습니다. 하나의 직업으로 선택되어서는 더욱 안 됩니다. 오직 하나님의 부르심에 응답하여 목회자의 길에 들어선 사람에 한하여 이 말씀의 사역이 이루어져야 합니다. 이 소명의식이 있어야 앞에서 말씀드린 대로 진정한 기쁨과 행복이 있습니다. 그리고 설교의 임무수행이 가볍고 즐겁습니다.

말씀하신 하나님이 내리신 소명은 물리적으로 형성되지 않습니다. 육체적인 감각을 통한 부르심이라면 아주 쉽게 소명의 진위를 판가름할 수 있습니다. 그러나 하나님은 한 인간을 부르실 때 인간이 사람을 부르는 방법을 사용하시지 않습니다. 그래서 많은 사람들이 목사가 된 다음에 자신이 잘못 알고 들어왔다면서 돌이킬 수 없는 후회를 하는 경우가 있습니다.

그러나 한국교회 설교자들은 소명의식이 어느 나라의 설교자들보다 강합니다. 특별히 한국교회 초기 설교자들의 불타는 소명의식은 기록적입니다. 그들에게 소명의식에 대한 가르침을 찾아본다는 것은 매우 소중한 일입니다. 그 이유는 그들의 모습이 바로 우리의 모형이 되어야 하기 때문입니다. 한국이라는 특수한 문화권에서 받은 소명은 매우 특별합니다. 가난과 질병과 식민지 생활 가운데서 복음을 들고 나서서 말씀을 외친 그들의 모습은 어느 나라의 설교자들도 추종하기 어려운 것임에 틀림이 없습니다.

한국교회 초기 목사들에게 중요한 지침서였던 『목사지법』(牧師之法)에 기록된 내용을 살펴보면, 소명이란 하나님의 전권이기에 인간이 논할 성질의 것이 아니라는 전제를 하고 있습니다. 그러면서 참된 소명이란 단순한 인간에 의한 감동의 단계를 넘어 성령님의 직접적인 역사 아래서 이루어짐을 강조하고 있습니다. 그 모델로서 구약의 선지자들과 신약의 사도들을 들고 있습니다. 그러나 성령님의 역사는 특수한 경우를 제외하고는 물리적으로 진행되는 것이 아니기에 하나님의 부르심을 알기까지는 많은 논란을 불러일으키고 있습니다.

그래서 가르치는 입장에서 학생들이 신학교에 입학한 후에도 계속적으로 소명에 대한 교육을 강화하고 있었습니다. 그러면서 소명을 받은 자는 하나님의 공사(公使), 청지기, 종이라 칭하게 된다고 가르친 바 있습니다. 그리고 이러한 신분을 확인한 사람들은 자신들을 택하여 세운 하나님의 뜻을 따라 그 말씀만을 전해야 함을 교육하였습니다. 거기에 더하여 소명은 세상에서처럼 임의로 드나들 수 없는 하나님의 명령으로 어떤 시험과 위험이나 곤란에 직면해도 소명을 따르는 일념만이 있을 뿐임을 가르쳤습니다.

이러한 가르침으로 초기 우리의 선배 목사님들이 생명을 내걸고 하나님의 종된 신분을 지켰고, 거기에 따른 사명을 훌륭히 감당하였습니다. 그 결과 오늘의 한국교회가 이룩되었습니다.

Q. 그들이 받은 소명에 대한 교육과 지도가 오늘의 신학교육보다 훨씬 더 강조되고 있음을 보면서 아쉬움을 느낍니다. 사실은 가난과 질병과 핍박과 싸우던 초기보다 어떤 면에서 현대의 물질문명에서 발생된 갖은 유혹과 싸우는 것도 대단히 어려운 듯 느껴집니다. 이러한 시대에 하나님의 부르심을 받아 나선 사람들이 밀어닥친 험준한 파도를 어떻게 대처할 것인지를 오늘의 신학교육이 깊은 관심을 두어야 한다고 봅니다. 신학교에서 더욱이 설교학을 가르치시고 계신 교수님으로서 이 문제에 대하여 어떻게 생각하시는지 듣고 싶습니다.

A. 소명과 설교는 밀착되어 있기에 소명에 대한 이야기를 우리가 나누고 있습니다. 그런데 돌연 신학교육의 문제를 가지고 질문을 하시니 당황하지 않을 수 없습니다. 말씀하신 대로 우리 선배들이 가난과 질병과 핍박을 이겨내고 부름 받은 생명들로서 사명을 성스럽게 수행한 것은 자랑스러운 일임에 틀림이 없습니다. 그들이 소명 받은 설교자답게 경건하게 살면서 사생결단의 자세로 복음을 선포하지 않았다면 오늘의 우리가 건재할 수 없었으리라 생각합니다.

그러나 거기에 못지않게 오늘의 설교 사역의 현장에 서 있는 말씀의 종들도 대상과 방법과 형태는 달라도 어려운 고통들이 가득함에 틀림이 없습니다. 이 땅에 가득했던 가난과 질병을 비롯하여 각종 핍박 앞에서는 우리 그리스도인들은 강하였습니다. 하나님께 더 가까이 나아가 충성을 다하였습니다. 주시는 말씀을 더욱 깊이 외치고 새겼습니다. 그러나 역사적으로 그리스도인들은 풍요로운 물질문명 앞에서는 힘을 잃고 맙니다. 설교자를 유혹하고 괴롭히는 무대는 오히려 오늘이 훨씬 더 현란하고 위력을 발휘하고 있습니다. 가난과 질병 속에서 솟구치던 믿음의 열기가 현대의 문명 앞에서는 무력하여지고 있습니다.

옳습니다. 그렇기 때문에 오늘의 신학교육은 한국뿐만 아니라 세계적으로 새로운 경성(警醒)을 해야 합니다. 선지동산에서 가르치는 위치에 있는 제 자신의 언행심사(言行心思)부터 문제가 심각합니다. 주어진 문명의 이기(利器)가 나의 육적인 욕구를 충족시키는 데에 거의 모두 활용되고 있음을 늘 발견합니다. 저는 교과서로 사용하고 있는 저의 책 『한국교회의 설교학개론』에서 다음과 같은 질문을 하면서 스스로 괴로워하고 있습니다.

> 신학교육을 시키는 교육자들은 피교육자보다 더 나은 경건한 삶을
> 추구하고 말씀과 기도로 이어진 영적인 생활을 지속하고 있는가?
> 아니면 단순히 학문을 전수시키는 교육자로서 머물고 있는가?

이 질문은 다른 교수를 향한 것이 아니라 제 자신에게 묻는 질문입니다. 그때마다 저는 부끄러움을 금하지 못합니다. 오히려 학생들보다 성경을 더 읽지 못합니다. 기도하는 횟수와 시간이 비교가 안 됩니다. 경건의 언어는 있으나 실천이 없습니다. 이것이 나 하나에 속한 문제이기를 바랍니다.

이러한 몸으로 선지동산에 들어와 훈련을 받고 있는 사람들에게 소명을 강조하고 있는 저의 모습이 매우 초라함을 느낍니다. 소명 받은 몸으로 처음부터 끝까지 투철한 믿음의 용사들이 되고 초지일관의 설교자의 삶을 이어가라는 교육을 시키는 자체가 부끄럽습니다.

현대의 물질문명 앞에 숱한 유혹을 받으면서 소명에 대한 확신과 실천에 어려움을 겪고 있는 분들에게 저의 답변은 매우 간단합니다. 그것은 사탄의 유혹과 악의 세력은 과거보다 오늘이 훨씬 기승을 부린다는 사실을 명심해 달라는 부탁입니다. 어떤 교육에 의존하여 승리를 거두려고 하지 말고, 하나님이 주신 전신갑주(全身甲冑)를 입고 적극적으로 대처해야 합니다. 이것은 신학교육에만 맡길 수 없는 설교자의 평생의 과업입니다.

❧

Q. 오늘의 신학교육이 직면하고 있는 문제점을 인정하시고 마음 아파하심을 보면서 오히려 죄송한 생각이 듭니다. 소명과 이어진 질문입니다. 말씀하신 대로 하나님의 부르심은 물리적인 것이 아닙니다. 그래서 소명에 대한 확신을 두고 많은 사람들이 방황할 때가 있습니다. 여기에 대하여 한 말씀 부탁하고 싶습니다.

A. 한국교회의 초기 설교자들에게 주었던 『목사지법』에서 언급한 내용이 한국의 문화권에서 쉽게 이해할 수 있는 답인 듯합니다. 여기서는 세 가지로 요약을 하고 있습니다. 먼저는, 한 인간이 복음의 진리를 깨닫고 무력했던 자신에게 전도의 사명이 불타올라 피할 수 없는 지경에 이르러 뭇 영혼들을 불쌍히 여기면서 소명을 확인하는 경우입니다. 둘째는, 자

신이 육신적으로 누릴 수 있는 유익한 모든 조건들을 외면하고 험난한 삶의 목회 길에 깊은 연민을 느끼며 거기에 끌려가면서 기도하고 알게 되는 소명의 확신입니다. 셋째는, 육체적인 조건과 설교를 할 수 있는 자질을 갖춘 사람이 신령한 믿음과 구령(救靈)의 애착과 지적 바탕 등이 구비되어 있음을 주변의 사람들이 판단하고 권면하여 기도 중에 소명을 확신하는 경우입니다.

자신에게 주어진 소명을 확인할 수 있는 매우 유익한 기준이라고 생각되어 이 말을 그대로 인용하여 답변을 드립니다.

대화의 함축된 의미들

하나님으로부터 부르심을 받고 말씀을 전하는 특별한 사명을 성공적으로 수행했던 한국교회 초기 설교자들은 참으로 아름다운 기록을 남기었다. 그들은 한결같이 자신들에게 몰려든 숱한 장애물을 넘어 주어진 말씀의 사역에 최선을 다하였다. 그 뿌리를 이어받은 오늘의 한국교회 설교자들이 그들이 보여준 모습을 제대로 전수하고 있는지를 살피면서 오늘의 설교 사역에 임해야 한다. 소명의 확신이 없는 설교자는 온전한 성언운반의 사명을 다 수행할 수 없다. 비록 자신이 받은 신학교육이 완전하지 못했더라도 사탄이 활기를 띠고 있는 현대의 물질문명의 무대 위에서 스스로 전신갑주를 입고 승리의 행진을 해야 한다. 그럴 때 하나님의 말씀의 종으로서의 희열과 감사가 가득한 삶을 경험하게 된다.

소명을 받은 설교자가
갖추어야 할 것들

5 소명을 받은 설교자가 갖추어야 할 것들

Q. 교수님께서 지난번 대화에서 설교자의 소명에 대하여 남달리 강조하셔서 많은 생각을 했습니다. 특별히 하나님의 말씀을 듣고 나서야 하는 사명을 위하여 하나님의 부르심을 받는다는 것은 그 책임과 의무가 실로 막중함을 새삼스럽게 느끼게 됩니다.

저는 하나님의 말씀을 전달하는 종으로서 부르심을 받은 사람들의 삶에 대하여 더 듣고 싶습니다. 설교자는 순수한 인간인데 동일한 인간으로서 살아가는 과정에까지 어떤 차별이 있어야 하는지를 묻고 싶습니다.

A. 매우 중요한 말씀입니다. 인간사회에서는 언제나 자신이 맡은 일에 따라 다양한 형태의 모습을 나타냅니다. 자신이 수행해야 하는 일에 따라 신분이 결정되고, 그 신분에 따라 언어와 행동과 몸가짐이 달라집니다. 인간사회에서는 이러한 원칙 때문에 심지어 입는 복장까지도 차별화하여 자신의 신분을 밝히고 그 신분에 걸맞는 언행을 하도록 하는 경

우를 보게 됩니다.

설교자가 하나님의 부르심에 의하여 목사가 되어 말씀을 전하게 된다는 것은 하나의 거대한 사건(event)입니다. 이 사건은 인위적으로 형성된 것이 아닙니다. 한 인간의 의욕이나 희망으로 된 것은 더욱이 아닙니다. 다시 말하면 인간의지의 결실이라기보다는 하나님이 주도하시는 결정적인 사건입니다.

그러하기에 설교자에게는 자신의 의식주를 위한 직업의 개념이 합류될 수 없습니다. 여기서는 자신을 부르신 지존자의 뜻을 따라 그 말씀을 운반하는 데 전념해야 한다는 전제가 언제나 따릅니다. 이러한 사명을 안고 사는 설교자이기에 그는 그 말씀의 주인에게 어떤 손상을 입혀서도 안 됩니다. 그분의 거룩성과 존엄성에 누를 끼치는 종이 될 수 없습니다. 설교자의 언어와 행동과 마음가짐의 초점은 모두 자신의 주인이신 하나님 앞에 모아져야 합니다.

말씀하신 대로 설교자도 순수한 인간입니다. 설교자가 순수한 인간의 모습을 버리고 새로운 가면을 쓰라는 말은 결코 아닙니다. 흔히 볼 수 있는 신흥종교의 교주들처럼 반신적(半神的)인 모습을 갖추고 특유한 언어를 사용하는 이상한 인간의 모습을 갖추라는 말은 더욱 아닙니다. 여기서의 차별이란 시대의 변화와 함께 탈선한 인간 모습을 경계하는 것입니다. 하나님의 형상대로 지음 받은 인간들이 상실한 본래의 인간의 사고와 형상을 회복하고자 하는 삶의 과정과 형태를 말하고 있습니다.

기독교 역사에서는 이러한 취지를 가지고 성직자들의 제복을 만들고 그 복장을 갖추고 생활하도록 했습니다. 지금도 장로교, 침례교, 오순절교회 계열을 제외하고는 정교회나 천주교, 성공회, 루터교, 감리교와 같은 대부분의 전통적인 교회는 모두 성직자들이 제복을 입고 생활하게 합니다. 그 뜻은 성직자들이 오염의 세계에 젖어들지 않기 위한 것이며 매우 바람직한 제도적인 장치입니다.

Q. 저는 개신교 목사로서 일상생활에서 성직자의 신분을 표시하는 복장을 전혀 입지 않고 살아온 사람입니다. 성직자의 복장과 차별화된 삶에 대하여 주신 말씀을 듣고 많은 생각을 하고 있습니다. 비록 저는 외형적인 성직자의 모습을 갖추지는 못했으나, 설교자로서 바른 삶의 길을 걷고 싶은 마음은 간절합니다. 하나님의 말씀을 전달해야 할 설교자로서 최우선적으로 요구되는 삶의 항목이 있다면 무엇이 되어야 하는지 듣고 싶습니다.

A. 사실은 외형적인 모습만 갖추고 내적인 모습이 결여된다면, 이것 또한 심각한 문제입니다. 자칫 더 큰 오류를 범할 가능성이 큽니다. 그러나 지금과 같이 혼탁한 사회에서는 이러한 제도적인 장치가 매우 중요하다고 생각합니다. 저는 목사후보생들을 교육시키는 교수로서 희망이 있다면 신학생 시절부터 학생들에게 제복을 입히고 외적인 모습도 다듬어지는 훈련을 시켜보았으면 합니다. 그것은 외적인 자신의 모습에서부터 구속력을 갖추어야 하기 때문입니다.

역사적으로 설교자는 성스러운 직분으로 구분되었습니다. 그 이유는 운반해야 할 말씀이 언제나 거룩하기 때문입니다. 역사에 큰 족적을 남긴 설교자들이나 현대의 설교 신학자들은 한결같이 설교자의 최우선적인 삶의 항목이 경건한 영적인 생활이라고 말하고 있습니다. 이것은 설교자 자신을 위함이나 자신이 섬기는 교회를 위한 조건적인 항목으로 이해되지 않습니다. 설교자가 하나님의 말씀을 바르게 전하기 위한 필수적인 항목으로 설정되어야 합니다.

Q. 앞에서 언급하신 경건한 영적인 삶이란 무엇인지 좀 더 구체적으로 말씀해 주셨으면 합니다. 그것이 필연코 가장 선행되어야 할 당위성을 듣고 싶습니다.

A. 경건한 영적인 삶이 필요한 이유는 무엇보다도 자신이 전해야 할 말씀, 즉 하나님의 말씀을 듣기 위한 방편으로 이해되어야 합니다. 하나님이 오늘 선포되기를 원하는 말씀에서 무엇을 뜻하시는지를 알기 위하여서 먼저 맑은 마음과 눈과 귀가 있어야 합니다. 설교학 교육에 많은 공헌을 한 스티븐슨(Dwight Stevenson)은 다음과 같은 의미 깊은 말을 하고 있습니다.

"설교자 자신이 전달하고자 하는 말씀 속에서 하나님의 음성을
듣지 않고서는 아무에게도 그 말씀을 외칠 수 없다."

그렇습니다. 설교자가 거룩하신 분의 말씀을 듣고 전하기 위해서는 설교자만이 갖는 고유한 과정이 있습니다. 그것은 활자화 되어 있는 말씀 속에 담겨진 하나님의 깊은 뜻입니다. 이 뜻은 설교자의 단순한 지적인 기능으로 해결되는 것이 아닙니다. 그것을 위하여 설교자만이 가지고 있는 깊고 높은 영안(靈眼)이 있어야 합니다. 이 영적인 눈은 설교자가 평소에 갈고 닦은 경건한 영적인 삶과 직결됩니다. 신령한 것들을 사모하고 거룩하신 하나님의 뜻을 따라 사는 사람들에게 열려진 특별한 눈입니다. 그래서 설교자는 언제나 성화된 삶을 추구해야 합니다. 오염과 죄악의 먹구름으로 덮여

있는 설교자에게는 하나님의 말씀이 글씨로만 보일 뿐 그 깊은 뜻과의 소통이 되지 않습니다. 한국교회 초기 설교자들은 자신의 성경책이 다 해어지도록 규칙적으로 읽고, 무릎이 닳도록 기도하면서 늘 주님을 명상하는 생활을 계속했습니다. 하나님이 무엇을 말씀하시는지를 알아들을 수 있었습니다. 그 결과 그들의 지적인 수준은 부족했어도 말씀의 전달력은 큰 위력을 가지고 있었습니다.

Q. 저는 농촌교회에서 주일예배 때마다 경청하게 되는 설교 말씀에 많은 은혜를 받고 살아온 사람입니다. 저는 우리 교회에서 헌신적인 삶을 보이면서 교회를 섬기시는 목사님의 도움을 받아가면서 신앙생활을 해왔습니다. 그 시절이 참으로 행복했습니다. 그러나 형편상 도시로 이사를 와서 교회를 정하고 다녔는데, 목사님의 말씀과 그분의 인격이 많은 차이가 남을 여러 차례 발견하고서 조용히 그 교회를 나와 말씀과 인격을 겸비한 목사님을 찾기 위하여 방황하고 있습니다. 설교자가 되기 전에 설교자의 인격 문제가 당연히 다루어져야 한다고 생각합니다. 이 점에 대하여 교수님의 의견을 듣고 싶습니다.

A. 설교자에게 가장 부담이 되는 질문을 주셨습니다. 설교자의 헌신적인 인격과 삶이란 그 이름은 매우 아름다우나 그 실상은 참으로 어렵습니다. 설교자와 바른 인격체라는 용어는 언제나 동반되어야 한다는 데는 이의가 없습니다. 설교자도 동일한 인간인데, 그만이 보통 사람들이 흠모하게 되는 인격을 갖추어야 한다는 주문은 실로 어려운 일임에

틀림이 없습니다. 설교자가 회중이 우러러볼 수 있는 인격을 갖추지 못한다면, 그 설교는 허공을 향한 소리에 불과합니다. 그래서 설교자는 인격의 온전함을 갖추라는 요구를 받게 됩니다.

사실 설교의 위기의 한 요소 중에 하나가 바로 설교자가 전하는 메시지와 그 자신의 삶이 일치하지 못할 때 발생합니다. 말하는 사람이 자신의 말을 실천하지 못하고 남에게 그 실천을 강요한다는 것은 가소로운 일이기 때문입니다. 하나님께서 일찍이 바울을 통하여 오늘의 설교자들에게 들려준 말씀이 있습니다.

> 내가 내 몸을 쳐 복종하게 함은 내가 남에게 전파한 후에 자기가
> 도리어 버림이 될까 두려워 함이로라(고전 9:27).

더욱더 설교자의 마음에 심각한 고민을 안겨준 말씀은 로마서(롬 2:21-24)를 통해 주신 말씀입니다. 비양심적인 인격과 행동으로 가득한 설교하는 사람들에게 "다른 사람을 가르치는 네가 네 자신은 가르치지 아니하느냐."는 지적을 하시면서 "하나님의 이름이 너희 때문에 이방인 중에서 모독을 받는도다."라는 말씀을 하십니다.

이것이 바로 설교자의 인격에 관한 말씀입니다. 그래서 설교학 강의가 있는 곳에서는 언제나 설교자는 어질고 신실한 인격인이 되어야 함을 강조합니다. 영국의 퓨리턴의 아버지라 불리는 박스터(Richard Baxter)는 설교자가 자신의 인격과 심성을 보살피고 부패를 극복하며 하나님과 함께 살기 위해 자신을 보살피지 않는다면, 모든 교인들은 잘못 인도되고 비참한 결과를 초래하게 됨을 외치고 있습니다. 앞으로 시대의 변천과는 무관하게 신학교육에서는 올바른 인격인으로서 바른 설교를 하도록 하는 강화된 노력이 계속

되리라 확신합니다.

❦

Q. 저는 한 주간에 목사님의 설교를 여러 번 듣게 됩니다. 그때마다 가장 아쉬운 것은 목사님은 성경과 자신을 비롯한 세상의 잡다한 이야기로 설교를 이어가고 있다는 사실입니다. 그 앞에 앉아 있는 교인들의 지적인 수준을 오히려 격하시키는 모습을 보면서 안타까움을 금하지 못합니다. 지적인 수준이 높아가고 있는 현실을 직시하신다면, 목사님의 지적인 수준도 좀 달라졌으면 합니다. 몇 달이 되어도 한 권의 신간도 읽은 흔적이 없습니다. 솔직히 달변가의 목사님보다는 좀 더 진지한 선비의 모습을 보았으면 합니다. 설교자와 선비의 모습을 갖춘다는 것이 그렇게도 어려운 것인지요?

A. 주신 질문은 바로 설교자의 학문적인 탐구의 지속성을 말하고 있는 듯합니다. 오늘의 한국사회는 교육의 수준이 선진국의 대열에 서 있습니다. 그동안 못 먹고 못 배웠던 것이 한이 되어 내 자식만큼은 잘 먹일 뿐만 아니라 고등교육을 시키고야 말겠다는 부모님들의 열의는 우리 민족이 높은 교육수준에 도달하게 된 주원인이기도 합니다. 이러한 교육열은 단순히 불우했던 환경에서만 유래된 것이 아닙니다. 그것은 글을 소중히 여기는 이 땅의 선비문화에서 많은 영향을 받았다고 봅니다.

그러나 현대문화의 주종을 이루고 있는 전자문화는 차분하게 책을 읽는 것보다는 동적인 세계에서 시각을 통하여 간결하고 흥미를 안겨주는 오락물에 많은 시간을 빼앗기고 있습니다. 이 현상은 교회에서도 거의 동일합니다. 이러한 새로운 문화에서 설교자들이 관심을 기울이고 보아야 할 것이 있습니다. 그것이 바로 오늘의 질문과 같은 내용입니다. 자신들은 말초신경을 자극하는 오락물을 비롯한 전자매체에 시간을 다 보내면서도 자신들의 설교자만은 고전을 비롯하여 많은 책을 읽고 설교단에 서기를 원합니다.

사실 한국의 설교자들이 바로 이 문제에 깊은 관심을 기울여야 합니다. 책을 읽는다는 것은 어떤 학문을 전공한다는 것과는 별개입니다. 설교자의 지식을 비롯하여 사고와 언어의 향상에 절대로 필요한 요소입니다. 회중은 설교자가 전하는 내용보다 언어 속에서 설교자의 지적인 바탕을 쉽게 측정합니다. 부흥회를 비롯하여 각종 집회에서 듣게 되는 설교에서 많은 사람들이 외면하고 심지어는 구토까지 하고 싶은 거부반응이 발생하는 것은 회중의 수준에도 못 미치는 천박한 언어와 지적인 수준 때문입니다.

이것 또한 미래의 설교 사역에 성패를 가름하는 중요한 지름길이 되어야 함을 알아야 합니다. 오늘의 설교자들이 귀담아 들어야 할 문제입니다.

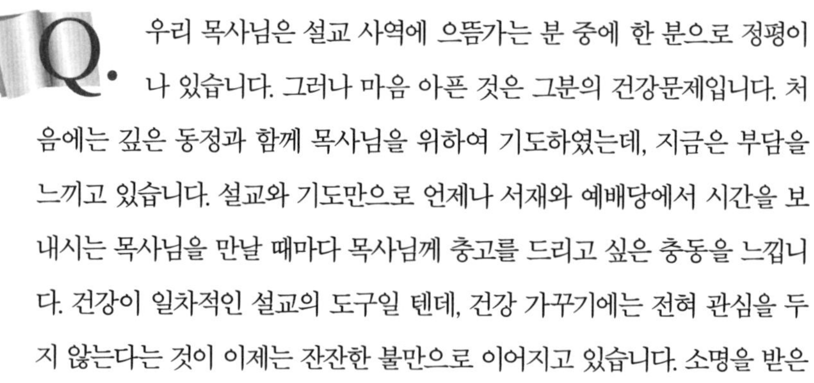

우리 목사님은 설교 사역에 으뜸가는 분 중에 한 분으로 정평이 나 있습니다. 그러나 마음 아픈 것은 그분의 건강문제입니다. 처음에는 깊은 동정과 함께 목사님을 위하여 기도하였는데, 지금은 부담을 느끼고 있습니다. 설교와 기도만으로 언제나 서재와 예배당에서 시간을 보내시는 목사님을 만날 때마다 목사님께 충고를 드리고 싶은 충동을 느낍니다. 건강이 일차적인 설교의 도구일 텐데, 건강 가꾸기에는 전혀 관심을 두지 않는다는 것이 이제는 잔잔한 불만으로 이어지고 있습니다. 소명을 받은 설교자의 건강은 하나님이 책임을 져주시기에 설교자 자신은 설교만 잘 준비하면 되는지요?

A. 자신이 속한 교회의 목사님을 아끼고 사랑하는 마음을 읽게 됩니다. 매우 아름다운 그리스도인의 모습임에 틀림이 없습니다. 인간의 건강은 하나님이 주신 선물입니다. 이 선물을 얼마나 아끼고 잘 가꾸는가에 따라 건강의 강약은 결정된다고 생각합니다. 설교자의 삶은 모두가 설교를 위한 것이라고 늘 강조하고 있습니다. 목사가 주님의 일을 위하여 전심전력을 기울이기 때문에 운동할 틈이 없다는 말을 종종 듣게 됩니다. 그리고 병이 들면 주님의 종으로 최선을 다하다가 병을 얻게 되었다고 하는 이해할 수 없는 말을 합니다. 그러나 설교자는 설교를 위하여 필요한 도구로서 갖추어야 할 것이 많이 있습니다. 경건한 영적인 삶, 인격의 도야, 학문을 추구하는 삶, 설교의 막중한 사명을 지탱할 수 있는 건강, 이 모두는 설교를 위한 도구입니다. 이 도구는 모두가 설교자의 철저한 자기 관리에 의하여 갈고 닦아져야 합니다. 그중에서도 건강이라는 도구가 상하게 되면 모든 도구에 절대적인 손상을 입히게 됩니다.

그래서 설교자의 건강관리는 매우 철저해야 합니다. 규칙적인 생활 습관과 적당량의 음식 섭취를 비롯하여 규칙적인 운동과 체중 조절 등은 설교자의 매우 중요한 임무입니다. 설교자가 자신의 철저하지 못한 생활 습관 때문에 건강에 손상을 가져오고 병이 들어 교인들에게 부담을 주는 것은 참으로 안타까운 일입니다. 건강의 지속은 하나님의 은혜라고 말하기 전에 먼저 자신이 철저히 관리해야 할 소중한 선물입니다.

대화의 함축된 의미들

하나님으로부터 말씀의 종으로 부름을 받은 설교자는 이제 남은 생애의 후일은 자신의 것이 아니다. 오직 부르신 분의 뜻을 따라 말씀을 전하는 것 그 이상의 것이 그에게 존재하지 않는다. 하나님의 말씀을 전하는 소임은 세상의 어떤 일과도 비교할 수 없는 막중한 사명이다.

설교자는 언제나 말씀의 주인과 대화를 거리낌없이 나눌 수 있는 자격을 갖추어야 한다. 그리스도인으로서의 경건한 믿음과 맑은 영을 갖출 수 있는 말씀을 먹는 일과 기도하는 일에 최우선을 기울여야 한다. 그리고 이 일을 수행하는 사람은 자신이 받은 소명 때문에 그 자신의 인간된 모습에도 변화를 가져와야 한다. 여기서 말하는 인간의 모습이란 인간의 탈을 벗어버린다는 뜻이 아니다. 하나님이 지으신 인간 본래의 모습을 누구보다 앞서서 회복해야 한다는 뜻이다. 그것을 위하여 무엇보다도 완전한 인격인의 모습을 추구해야 한다. 말씀을 듣는 회중이 우러러볼 수 있는 사람됨이 없이는 메시지가 바르게 전달되지 않기 때문이다. 거기에 더하여 선비문화로 이어진 한국교회에서 설교자는 끊임없는 학구열을 불태우면서 살아야 한다. 책을 언제나 가까이하는 선비의 모습을 오늘의 교인들이 찾을 뿐만 아니라 그들의 입에서 나오는 말을 경청하기 때문이다. 끝으로, 설교자는 말씀을 전해야 할 육신을 바르게 가꾸어야 한다. 건강한 정신은 역시 건강한 몸에서 나온다는 말에 귀를 기울일 필요가 있다. 자기 절제를 할 수 있고 규칙적인 삶의 모습을 보일 수 있는 사람의 설교에 경의를 표한다는 것은 기본적인 상식의 문제이다.

소명 받은 설교자의 길을 우리가 살펴볼 때에 그 삶의 자리에서도 이처럼 필수적으로 갖추어야 할 항목들이 언제나 기다리고 있다.

설교자의 정체성에
대한 조언

6 설교자의 정체성에 대한 조언

Q. 설교의 위기라는 말이 수십 년 전부터 들려오고 있습니다. 그동안은 그러한 말이 나와는 무관하다고 생각했습니다. 그러나 시대의 흐름과 함께 설교의 권위는 사라지고 날카로운 비판만이 계속되고 있습니다. 먼저, 역사적으로 개신교의 설교는 어떻게 자리를 잡았는지를 듣고 싶습니다. 그리고 설교의 회복에 최우선이 되어야 할 것이 있다면, 어떤 것이라고 생각하시는지 듣고 싶습니다.

A. "교회는 말씀과 함께 살고 말씀과 함께 죽는다."는 말은 영국의 신학자 포사이드가 그의 설교학 강의에서 남긴 말입니다. 역사적으로 교회에서 드려지는 주일예배는 말씀의 예전과 성찬성례전의 두 축이 상존하였습니다. 그러나 430년에 어거스틴이 세상을 떠나자, 교회의 설교는 암흑기에 접어들었고, 교회는 미사만 집전되는 곳으로 모습을 달리하였습니다. 이러한 전통은 오늘의 정교회와 로마 가톨릭교회에서 지속되다가,

1962년 바티칸 공의회를 통하여 로마 가톨릭교회는 예전의 대단한 개혁을 가져왔습니다. 이 공의회를 통하여 로마 가톨릭교회는 설교의 중요성을 강조하고, 주일 미사에서 설교가 자리를 잡기 시작하였습니다.

개신교의 경우에는 종교개혁 이후 성공회와 루터교는 말씀과 성찬성례전을 주일예배에서 회복하고, 개혁교회를 비롯한 대부분의 개신교는 성찬성례전은 일 년에 4회, 또는 2회로 줄이고, 말씀 중심의 주일예배로 그 노선을 확고히 하여 지금에 이르고 있습니다.

그런데 문제는 설교만을 예배의 전부로 삼고 이어오던 개혁교회에서 설교 사역에 대한 저항이 일기 시작한 데에 있습니다. 그것은 20세기 후반부터 개신교 설교 사역의 본질이 퇴색되면서 설교의 탈선이 날이 갈수록 심해지는 현상을 보이기 시작하였습니다. 그리하여 '설교의 위기'라는 말이 1970년대 초에 미국교회에서부터 나오면서 설교의 문제점 찾기에 바빠졌습니다. 그리고 여기저기서 '설교의 회복'을 위한 대안을 내놓고 있는 현실입니다.

한국교회도 예외가 아닙니다. 설교자들이 설교자의 정체성을 망각하고 설교 사역을 감당하는 경우가 지나칠 정도로 많습니다. 한국교회 설교자들이 가장 깊은 관심을 가지고 설교 회복에 나서야 할 항목은 바로 설교자의 정체성을 재인식하는 일입니다. 설교하는 자신이 누구인지를 알고 말씀을 운반해야 합니다. 다시 말하면 설교인의 정체성에 대한 인식의 전환이 무엇보다도 시급합니다.

Q. 저는 주일학교 때부터 부모님으로부터 목사님은 하나님이 특별히 부르시어 말씀의 사자로 우리 곁에 오신 분이라고 배웠습니다. 그래서 그분을 대할 때는 보통 인간이 아니라 그 이상의 매우 특수한 분으로 늘 보았습니다. 이러한 것이 사실이라면 그분들은 어떻게 부름을 받았으며, 그것을 무엇으로 어떻게 입증을 해야 하는지요? 소명은 설교인으로서 과연 꼭 필요한 것인가요?

A. 매우 어려운 질문입니다. 그러나 진솔하게 규명되어야 할 문제입니다. 말씀하신 문제를 소명(召命-Calling)이라 일컫습니다. 하나님이 불러서 설교 사역이라는 특별한 명을 주셨다는 말씀입니다. 그런데 일반적으로 세 가지의 질문에 이상이 없으면 목사로서 말씀을 들고 나서게 됩니다. 먼저는, 하나님의 부르심을 받았는가? 둘째는, 말씀의 종으로 나설 수 있는 훈련을 공인된 교육기관에서 일정기간 받았는가? 셋째는, 생계를 위하여 세속의 어떤 직업도 없이 오직 바쳐진 몸으로 살고 있는가? 그런데 문제는 둘째와 셋째의 질문은 가시적으로 입증을 할 수 있는 질문들이지만, 첫째는 자신과 하나님과의 문제이기에 객관적으로 입증할 길이 없습니다. 여기서 소명의 진위성의 문제가 발생됩니다.

마틴 루터는 소명을 터득하는 길을 두 가지로 분류한 바 있습니다. 하나는 급작스러운 환경에서 사도 바울처럼 부르심을 깨닫는 경우이고, 또 하나는 늙고 눈이 어두운 말이 인간의 손에 이끌리어 다니듯이 하나님의 손에 이끌려 가고 있음을 서서히 깨닫고 나서는 경우를 들고 있습니다.

한국 신학계에 1920년대 최초의 설교학 교수였던 곽안련(Allen Clark) 교수는 소명의 깨달음을 다음과 같이 말합니다. 먼저는, 무력했던 자신에게 전도의 사명이 불타올라 불신자들의 영혼을 구원하고자 하는 열정이 남다

른 사람이고, 둘째는, 육신적으로 평안하게 살 수 있는 길이 있는 데도 험난
한 목회의 길을 걷고 싶은 충동이 계속 일고 있는 사람이고, 셋째는, 설교
를 할 수 있는 탁월한 자질을 갖춘 자로서 신령한 믿음, 구령(救靈)의 애착,
지적 바탕이 구비되어 주변의 권고를 받은 사람이라고 말한 바 있습니다.

소명의 확신을 타인이 확인한다는 사실은 매우 어렵습니다. 그러나 소명
의 인식과 확신은 하나님과 설교자 사이에 언제나 확인되어야 할 사항입니
다. 그리고 조금도 위장이 있을 수 없는 매우 중요한 문제입니다. 거기에 더
하여 설교자에게 하나님의 소명은 필수적이고, 이것이 없이 평생을 바쳐 하
나님의 말씀을 전한다는 것은 불가능합니다.

Q. 저는 설교자로 수십 년의 세월을 보내고 있습니다. 오늘 소명에
대한 문제를 다시 신중하게 생각하면서 여쭙고 싶은 질문들이
있습니다. 교수님께서는 소명을 받은 말씀의 종으로서 최우선적으로 지켜
야 할 과제가 있다면 어떤 것이라고 생각하십니까?

A. 그 대답은 매우 단순합니다. 설교자가 스스로의 정체성을 확립
하는 일입니다. 소명 받은 존재는 신과 인간의 중간 존재가 아니
라, 순수한 심부름만을 주 임무로 하는 실존입니다. 나의 사상을 전하는 말
씀의 사자가 아니라, 나를 부르신 분의 말씀을 가감하지 않은 온전한 상태
로 운반하고, 그 말씀의 뜻을 알려주고, 그 말씀을 삶의 장에 적용시키는
임무를 수행해야 할 종입니다. 구약의 선지자들을 보십시오. 그들은 자신
의 경험담이나 지식을 나열하는 데 관심을 두지 않았습니다. 철저히 말씀

의 주인이 하신 말씀을 전하는 데 전심전력을 다했습니다. 그래서 그들은 언제나 말씀을 전할 때 "여호와께서 내게 이르시기를……" 하고서 시작하였고, 말씀이 끝날 때 "여호와의 말씀이니라."고 하면서 끝을 맺었습니다. 바로 이러한 설교의 전통을 이어받아 실천하려는 노력을 최우선적인 과제로 여겨야 합니다.

위와 같은 전통을 이어받기 위해서는 말씀의 종은 언제나 마음에 거짓이나 꾸밈이 없이 바르고 올곧은 심성과 자세를 갖추어야 합니다. 말씀을 듣는 회중은 '우리의 설교자는 오직 하나님의 영광만을 위하여 사는 믿음직하고 착실하고 정직한 사람'이라는 인식이 언제나 살아 있어야 합니다. 그럴 때 하나님의 말씀이 회중의 가슴 속에서 살아 숨 쉬게 됩니다. 이것 이상 최우선의 항목은 없습니다.

Q. 저는 말씀의 종 된 신분으로 그 성직을 수행함에 있어서 늘 고민이 있습니다. 그것은 성(聖)과 속(俗)의 문제입니다. 세상 속에서 일반인들과 동일한 가정을 이룩하고 사는 몸으로 먼저 세상의 환경을 외면할 수 없습니다. 그런가 하면 하나님이 부르신 몸으로서 그 정체성을 지키기 위하여 성스러운 삶을 지탱해야 하는 데에 막중한 부담을 느끼고 있습니다. 여기에 대한 좋은 조언을 듣고 싶습니다.

A. 참으로 중요한 질문을 해주셨습니다. 자본주의가 이끌어 가는 사회는 언제나 정신보다 물질이 우선적인 위치에 자리 잡게 됩니다. 이러한 사회에서 고결한 정신이나 깊은 영성을 추구하는 신앙이 자리매김

을 하는 데 많은 어려움을 겪게 됩니다. 목사가 자신의 가정이 빈곤에서 헤맬 때 먼저 가장으로서의 고통을 느끼게 됨은 당연합니다. 그래서 종교개혁 전까지는 오직 주님만 섬기는 신분으로 살기 원하는 사람은 독신이어야 했습니다. 그러나 지금의 개신교 설교자는 세상의 한복판에 사는 사회의 구성원으로서 성과 속의 삶에 대한 갈등을 피할 수 없는 구조 속에 있습니다.

여기서 동일한 설교자로 성역 40년을 넘기면서 회고해 볼 때, 성결하게 살고 싶은 기본 자세를 지키려고 몸부림쳤습니다. 그러나 실질적으로 육적인 탐욕의 지배를 많이 받고 살았음을 실토하지 않을 수 없습니다. 그러한 까닭에 설교자로서 고결한 인격과 신앙으로 그 정체성을 지켜나가는 분들이 더욱 존경스럽습니다. 저의 조언은 설교자의 정체성은 성(聖)의 완전한 달성이 아니라 성화(聖化)를 향한 줄기찬 도전 속에서 그 평가가 있어야 한다는 것입니다.

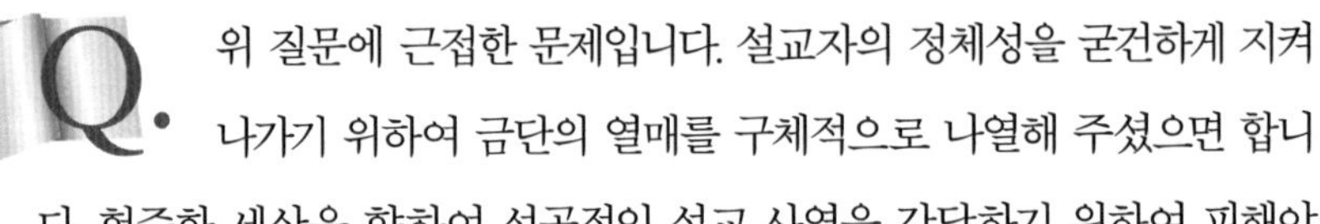

위 질문에 근접한 문제입니다. 설교자의 정체성을 굳건하게 지켜나가기 위하여 금단의 열매를 구체적으로 나열해 주셨으면 합니다. 험준한 세상을 향하여 성공적인 설교 사역을 감당하기 위하여 피해야 할 것들을 우선적으로 알고 싶습니다.

A. 신약성경에서 매우 독특한 부분을 읽게 됩니다. 그것은 사도 바울이 "내가 그리스도를 본 받은 자 된 것같이 너희는 나를 본 받은 자 되라."(고전 11:1)는 말씀입니다. 설교자로서 자신의 삶을 대담하게 공

개한 말씀입니다. 여기서 우리는 혼탁한 삶의 장에서 어떤 부분을 조심해야 바울과 같은 자신감을 갖출 수 있을 것인지 깊이 생각하지 않을 수 없습니다.

1948년에 빌리 그래함과 그의 핵심 남자 멤버들이 캘리포니아 모데스토에 모여서 그들의 복음 전파에 필수적으로 갖추어야 할 네 가지 항목을 선언문으로 만든 적이 있습니다.

> (1) 우리는 재정적인 남용은 그 모양이라도 피한다.
>
> (2) 우리는 모든 재정을 투명하고 세밀하게 관리하고 완전히 공개할 뿐만 아니라, 모든 통계를 정직하게 작성하여 발표한다.
>
> (3) 우리는 아내 외에 다른 여자와 단 둘만의 자리를 갖지 않는 것을 비롯하여 성적인 탈선의 가능성을 가져올 행동은 각별히 조심한다.
>
> (4) 교회 간에 경쟁을 피하고 동일한 신앙을 가진 교회와는 차별 없이 협력을 한다.

60년 전에 이 선언이 나왔을 때, 선언문이라기보다는 기초 상식에 불과하다는 평을 받기도 했습니다. 그러나 이 선언문을 변함없이 지켜온 빌리 그래함 전도단은 지금껏 건재할 뿐만 아니라 그들은 대중 집회를 이끌어 가는 단체들의 윤리적인 표본으로 오늘도 인정을 받고 있습니다.

오늘의 한국교회 설교자들이 하나님이 부르시어 세운 말씀의 사자로서 그 정체성을 지키기 원한다면, 이들의 선언을 시간을 내어 음미해 볼 필요가 있습니다.

끝으로, 평생을 설교학 교육에 헌신하신 교수님으로서 한국교회
의 모든 설교자에게 꼭 들려주고 싶은 말씀이 있었으면 합니다.
단순한 학문적인 서술이 아니라 가장 기본적인 상식을 들려주셨으면 합
니다.

어려운 설교 사역의 길을 걷고 있는 한국의 설교자들에게 먼저
위로와 격려의 찬사를 보내면서 위에서 언급한 내용 이외의 몇
가지를 다음과 같이 정리해 봅니다.

먼저는, 한국의 목회자들은 설교의 횟수가 너무 많습니다. 그래서 설교마
다 완벽한 설교를 하려는 의욕을 버리셨으면 합니다. 각종 기도회에서는 말
씀을 가르치고, 토론하고, 공부하는 일이 많았으면 합니다.

둘째는, 설교자들이 자기만족을 위하여 늘 '아멘'을 강요하는데, 하나님
앞에 진심으로 응답하는 '아멘'이 나오도록 노력해 주셨으면 합니다.

셋째는, 봉독한 본문을 해석하고, 그 말씀을 삶의 자리에 현장화시키는
일에 설교의 주안점을 두셨으면 합니다.

넷째는, 자신을 말하고 싶은 유혹을 이겨내야 합니다. 설교자가 자신과
가족의 이야기나 경험담을 말하기 시작하면 그 길에서 벗어나지 못하는 경
우가 많습니다. 그럴 때는 설교를 통하여 하나님을 뵙는 것이 아니라 설교
자와 그 가족을 만나게 됩니다.

다섯째는, 목사로 안수를 받을 때 가졌던 처음의 결단과 의지를 언제나
지키려는 노력이 이어져야 합니다. 처음의 결단과 의지가 무너지면 설교자
의 정체성이 흔들리기 때문입니다.

여섯째로, 오늘의 설교자들에게 주고 싶은 말은 말씀의 종은 희생물입니다. 그것도 완전히 소진되어야 할 희생물입니다. 땀과 눈물이 마를 날이 없이 무릎을 꿇고 말씀을 찾는 땀을 흘려야 합니다.

끝으로, "설교자의 입으로 나온 말은 하나님의 입으로 나온 말씀과 동일하다." 이 말은 종교개혁가 칼뱅이 남긴 말입니다. 설교인 자신의 입으로 나온 말이 과연 하나님의 말씀인가를 삼가 조심하여 쉼 없이 살펴야 합니다. 하나님이 직접 말씀을 들려주실 수 없기에 66권에 그 말씀을 수록하셨고, 오늘의 설교자들은 그 말씀을 가지고 나아가 하나님의 백성들을 만나야 합니다. 그래서 그 책임과 의무가 실로 막중합니다.

대화의 함축된 의미들

교회의 지나온 발자취를 살펴볼 때 설교의 위기가 곧 교회의 위기로 직결되었음이 주지의 사실이다. 설교의 위기를 진단하고 대처하는 일은 설교자가 자신의 정체성을 명확히 확인하는 데서 시작되어야 한다. 이 설교자의 정체성은 자신이 하나님의 부름을 받고, 공인된 신학 교육기관에서 일정 기간 훈련을 받았는가의 여부, 또 목회에 온전히 시간과 정성을 다 바치고 있는가에 의해 판가름된다. 회중과 동일하게 현대를 살아가는 설교자들이기에 구별된 삶이 복음을 따라 사는 인생의 모범으로 요구된다. 물질을 포함한 각종 유혹을 이겨내고 주님을 향한 성화를 오늘도 이루어 내는 자기 자신에 대한 몸부림치는 도전이 필요하다.

설교 준비에 소진(消盡)
되어야 할 설교자

7 설교 준비에 소진(消盡)되어야 할 설교자

Q. 설교자는 언제나 자유롭지를 못합니다. 한 주일이 지나면 다시 새로운 주간에 들고 나서야 할 설교를 위하여 심각한 설교 중압감에 시달리고 있는 현실입니다. 특별히 한국교회 설교자들은 다른 나라 교회의 설교자들과는 비교할 수 없을 정도의 많은 설교를 해야 합니다. 때로는 신체적인 한계를 느끼고 건강을 잃어가면서까지 그들은 좋은 설교를 하기 위하여 몸부림치는 현실입니다.

이러한 설교자의 생활에 가장 우선적으로 갖추어야 할 모습에 대한 조언을 듣고 싶습니다. 구체적인 설교의 준비 단계를 언급하시기 전에 설교자들이 바른 설교 준비를 수행하기 위한 지름길은 어떤 것이어야 한다고 생각하시는지 듣고 싶습니다.

A. 저도 목회의 장에서 경험한 바 있는 문제를 말씀하셨습니다. 한국교회의 전통에는 설교란 목회의 70% 이상을 차지하는 중요한

부분입니다. 한 주일에 한 번의 설교가 아니라 새벽기도회를 포함하여 주일 찬양예배, 수요기도회 등 한 주간에 맡게 되는 설교의 횟수는 실로 엄청난 부담을 안겨 주고 있습니다. 이 일을 다 소화하기 위하여 한국의 설교자들은 땀과 눈물을 흘리는 생활을 이어가고 있습니다.

여기서 설교자들은 어떤 본성을 가지고 있든지 부지런한 생활을 이어가지 않을 수 없습니다. 효율적으로 시간을 활용하는 슬기를 발휘하면서 막중한 과제를 수용할 수 있는 건강까지도 살펴야 하는 근면한 삶의 주인들이 되어야 합니다.

지칠 줄 모르는 설교자로서 뜨거운 정열을 바친 스펄전의 이야기가 있습니다. 그분은 하루에 평균 18시간이 넘도록 설교를 위한 삶을 살았습니다. 자신을 위해서는 6시간만을 내놓고 남은 시간은 모두 독서와 집필과 설교하는 데 바쳤습니다. 그리고 그는 스스로에게 다음과 같이 늘 외쳤습니다.

> "열심을 내라. 열심이란 꾸밀 수 없다. 열심을 대신할 수 있는 것은
> 아무것도 없다. 열심이란 사라지기 쉽다."

그러면서 그는 이 열정의 에너지가 단순히 자신에게서 나온 것이 아니라 자신 안에서 함께 일하시는 성령님의 힘이라고 늘 말하고 있었습니다. 더욱 감명적인 표현은 그는 설교자의 의무는 하나님을 위하여 자신을 소진(消盡)시키는 것이라고 주장한 점입니다. 거기에 더하여 설교자란 그의 모든 것이 태워져야 할 살아 있는 희생물일 뿐이라는 유명한 말을 남긴 적이 있습니다.

다시 말씀드리면, 주님의 명령으로 수행해야 할 설교의 소임이 쌓여 있을 때는 설교자는 아낌없이 뜨거운 정성을 발하면서 기쁨으로 자신을 불태우

는 희생의 제물로 승화되어야 합니다. 이러한 깊은 정신적인 무장이 되어 있지 않을 때는 설교는 심히 고단한 사역이며 감당하기에 힘든 각종 시험에 시달리는 일이 됩니다. 그러나 스펄전의 말처럼 자신의 모든 것은 하나님의 말씀을 운반하는 데 태워져야 할 희생물이라는 각오를 하고 나설 때는 오히려 기쁨이 충만한 사역이 됩니다. 이러한 마음가짐만이 설교를 기쁜 마음으로 준비할 수 있는 지름길입니다.

◆

Q. 그러나 현실적으로 목사가 설교만을 위하여 그 많은 시간을 내놓을 수 있는 여건이 주어지지는 않습니다. 설교 이외에 목회자로서 교인들을 보살펴야 할 일들이 수없이 많습니다. 뿐만 아니라 교회의 행정적인 문제를 비롯하여 각종 행사에 목사가 해야 할 일들이 많습니다. 다시 말하면 설교 준비에만 몰두할 수 없는 환경 속에서 목회를 해야 하는 한국의 목회자들입니다. 이러한 문제들을 거의 모두가 안고 있기에 설교의 준비에 전념할 수 없는 안타까움을 금하지 못하는 현실입니다. 여기에 대한 의견을 듣고 싶습니다.

A. 우리는 앞에서 스펄전이 하루에 18시간을 설교를 위하여 읽고 쓰고 외쳤다는 말을 했습니다. 참으로 부러운 기록입니다. 위대한 설교자였던 스펄전에게는 당시의 교인들은 그에게 설교 이외의 일들은 기대하지 않고 오직 감동적인 설교만을 주문했다는 점을 생각하면 역시 그만이 누릴 수 있는 특권처럼 들립니다.

그렇습니다. 한국의 설교자에게는 설교보다 오히려 더 많은 설교 이외의 일들이 가득한 목회 현장입니다. 그러하기에 설교자는 훨씬 더 고단한 길을 걷고 있음이 분명합니다. 그러나 현명한 설교자는 설교 이외의 일을 수행하면서 설교 준비를 수행하는 것을 보게 됩니다. TV를 보는 한순간이라도 남다른 생각과 관찰력을 가지고 시청을 합니다. 거기에서 설교에 응용될 자료를 찾아 메모를 하면서 기쁨을 느낍니다. 뉴스를 보다가도 거기서 예화를 찾고 참고해야 할 자료를 메모하는 열정을 보입니다. 만약 기록을 다 못했으면 인터넷에 들어가 방영된 내용을 찾아 메모를 하는 극성을 부립니다. 뿐만 아니라 교인을 만나는 심방이나 상담 시간에 메모지에 떠오르는 설교를 위한 영상(靈想)들을 기록하면서 일을 수행하는 모습을 봅니다. 여기서 우리는 설교자가 자신의 사고와 눈과 귀를 모두 설교에 바치고 있다는 사실을 확인하게 됩니다. 운동을 하면서도 길을 거닐면서도 언제 어디서나 메시지의 주인이신 하나님께 자신의 안테나를 맞추고 들려오는 메시지를 계속 받을 준비를 하면서 사는 사람은 확실히 다릅니다. 때로는 꿈에 감동적인 메시지를 가지고 외치다 잠에서 깨어나 메모지에 또는 녹음기에 자신이 방금 외쳤던 설교를 메모하는 모습도 보게 됩니다.

이 모두는 설교자의 삶 전체가 설교를 위한 인생으로 바쳐졌다는 뜻입니다. 그리고 설교를 위한 희생물로 자신을 불태우고 있다는 증거입니다. 이러한 마음가짐과 생활의 습관이 정착되었을 때는 비록 산술적으로 스펄전처럼 18시간을 매일 내놓지는 못해도 거기에 버금가는 시간을 바치면서 살아간다는 결론에 도달합니다. 문제는 설교를 위한 희생물로 자신이 바쳐지고 있는가의 문제입니다.

어떤 설교자께서 설교 세미나에서 들려준 이야기가 생각납니다. 그분은 설교에 대하여 부담을 느끼지 않고 산다는 말씀을 하셨습니다. 한두 시간 집중하면 한 편의 설교가 완성되기에 자신의 삶에는 설교가 큰 부담이 안 된다는 말씀을 하신 적이 있습니다. 모두가 부러워하고 있었습니다. 이러한 경우를 보면 교수님께서 하신 말씀과는 매우 거리가 먼 듯하여 저와 같은 설교 초년병에게는 혼돈이 일고 있습니다.

저 역시 혼돈이 옵니다. 저도 그러한 이야기를 가까운 친구로부터 들었습니다. 저와는 거리가 먼 세계, 마치 외계(外界)에서 살고 있는 목사처럼 보였습니다. 저는 그러한 분들의 이론에 동조할 수 없습니다. 아마 특별한 은사를 받으신 분들이 아닌가 하는 생각이 듭니다. 저의 친구도 그러한 말을 하면서 스스로를 최고의 설교가로 생각하면서 자만의 모습을 보이고 있습니다.

4반세기의 세월을 오직 설교교육에 전념해 온 이 교수의 말에 조금이라도 귀를 기울여 주시기를 다시 부탁드립니다. 설교가 자신이 가지고 있는 지식의 전달이라면, 아무런 준비를 할 필요가 없습니다. 자신이 경험한 신앙적인 체험을 들려주는 것을 설교라고 생각한다면, 설교자는 단 한 시간의 설교 준비도 할 필요가 없습니다. 거기에 더하여 자신이 수집한 몇 개의 좋은 예화를 진열하고, 거기에 성경구절만 삽입하는 것이 설교의 전부라고 생각한다면, 설교는 세상에서 가장 쉬운 사역이 될 것입니다.

그러나 진정한 설교는 자신의 생각이나 지식이나 경험을 정리하여 설교단에 나타내는 행위가 전혀 아닙니다. 그날 본문으로 주어진 말씀을 정확히 해석하고, 그 말씀을 회중의 삶에 적용시키는 막중한 일입니다. 어거스틴과 같은 그토록 유명한 석학도 성경원어 실력의 모자람 때문에 시원스럽게 본문의 뜻을 파악하기 힘들 때, 다음과 같이 애절한 기도를 하고 있었습니다.

> "자비하신 주 대전에 은총을 입사와 당신 말씀의 깊은 뜻이 두드리는 내 앞에 열리게 하소서. …… 주께 비나니 내 죄를 용서하시고 당신 종에게 이미 말씀하신 바를 나로 하여금 알아듣게 해주시옵소서."

질문하신 분이 설교 초년병이라는 용어를 쓰셨습니다. 부디 설교 사역 초기부터 삶의 전체 시간이 설교 준비로 엮어지도록 노력하시고, 한두 시간의 집중 노력으로 한 편의 설교를 완성한다는 말에는 귀를 기울이시지 말기를 부탁드립니다.

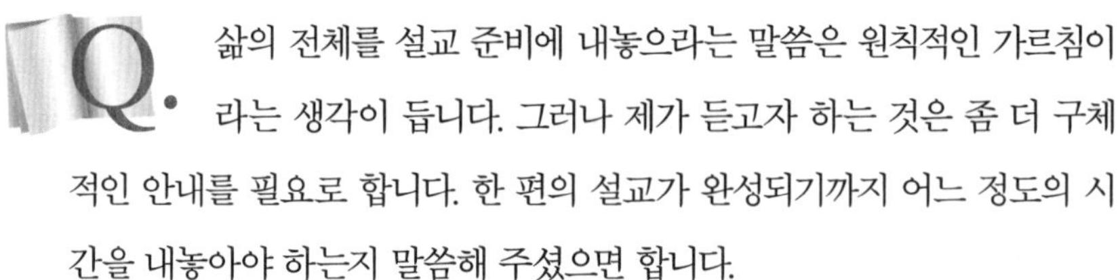

Q. 삶의 전체를 설교 준비에 내놓으라는 말씀은 원칙적인 가르침이라는 생각이 듭니다. 그러나 제가 듣고자 하는 것은 좀 더 구체적인 안내를 필요로 합니다. 한 편의 설교가 완성되기까지 어느 정도의 시간을 내놓아야 하는지 말씀해 주셨으면 합니다.

A. 한 편의 설교에 얼마나 많은 시간이 소요되느냐의 질문은 설교 사역에 입문한 젊은 설교자들로부터 받는 가장 보편적인 질문입니다. 실질적으로 설교자가 마음을 정하고 일정한 시간을 설교 준비를 위하여 정해 놓지 않으면 설교 준비에 대단한 차질을 가져옵니다. 목회자의

생활이란 일정한 사무직이 아니고, 언제 어떤 일이 자신들이 섬기는 교인들에게서 발생할지 모르면서 살아가는 사역자들입니다.

일반적으로 30분의 설교는 30시간을 필요로 합니다. 적어도 매일 5시간 정도를 설교를 위하여 시간을 내놓아야 합니다. 한국교회의 경우 새벽기도회를 마치고 바로 말씀 앞에 앉아 그 말씀을 석의하고, 주해하고, 메시지를 찾고 정리하는 일을 계속한다면, 30시간을 설교를 위하여 바치는 데 별로 문제가 없습니다. 설교 준비라는 과정은 본문만을 가지고 씨름하는 것이 주된 일이지만, 메시지를 보다 풍요롭게 적용하기 위하여 필요한 책을 읽는 것도 설교 준비를 위한 훌륭한 과정입니다. 한국의 목회자가 새벽기도회를 다녀와서 다시 잠자리에 드는 습관을 피한다면, 설교 준비의 시간은 충분하다고 봅니다.

시간 계산에 하나 더 첨부하고 싶은 것은 앞에서 언급한 대로 삶의 현장이 설교 준비로 이어지는 부분입니다. 삶의 장에서 보고, 듣고, 경험한 것까지 설교 준비의 시간으로 계산한다면, 한 편의 설교는 실로 많은 시간 속에서 생성됩니다. 예를 들어 봅니다. 지난 2002년 월드컵 축구 경기의 중계를 보면서 제가 직접 경험한 일입니다. 박지성 선수가 포르투갈 팀과의 경기에서 한 골을 넣었을 때, 감독이었던 히딩크는 자기 품에 안기라고 두 팔을 벌리고 흔들고 있었습니다. 그때 박 선수는 쏜살같이 달려가 그 육중한 두 다리를 감독의 허리에 감고 애기처럼 꼭 안기고 감격하는 순간이 있었습니다. 그때 저의 가슴은 벅차올랐고, 뜨거운 박수는 아낌없이 이어졌습니다. 바로 그 순간 저에게는 상상하지 못했던 대화를 주님과 나누면서 무척이나 괴롭고 가슴 아픈 눈물을 흘렸습니다.

　"하나님이 너를 저 감독처럼 두 팔을 벌리고 저렇게 뜨겁게 반긴다고 생각하는가?"

"아닙니다. 그럴 리가 없습니다. 하나님을 저렇게 기쁘시게 해드리는 일이 없는 비천한 몸입니다."

"너는 어떤 기록을 가지고 저 선수처럼 하나님의 품을 향하여 신나게 달려갈 수 있는가?"

"없습니다. 아무리 생각해도 만인의 박수를 받으면서 그 품을 향하여 달려갈 자랑스러운 기록이 전혀 없습니다."

저는 일 년 후에 탕자의 비유를 본문으로 한 "그 품에 안기고 싶다"는 한 편의 설교에 이 짤막한 노트를 사용하여 회중의 공감대를 얻어내는 적용의 자료로 사용한 바가 있습니다.

어찌 축구 관전이 설교 준비와 직결될 수 있겠느냐는 생각을 하시겠지만, 설교자가 설교에 초점을 맞춘 삶을 산다면 그가 머문 어느 순간이라도 설교를 위한 메시지와 자료는 풍부하게 널려 있습니다. 문제는 설교자의 사고와 시각이 어디에 머물러 있는가에 따라 상황은 달라진다는 점입니다. 아침마다 오염되지 않은 맑은 시간을 4시간 이상씩 설교를 위하여 내놓으면서 그날 어떤 일을 하든지 오는 주일에 설교할 본문과 주제를 염두에 두고 살아간다면 설교의 준비는 원만히 이루어집니다.

대화의 함축된 의미들

한 편의 설교가 완성되기까지 소요되어야 할 시간이 얼마나 되어야 하는 가? 이 질문은 산술적으로 답할 수 있는 문제가 아니다. 이것은 얼마나 뜨거운 정성이 설교자에게서 나오고 있는가의 문제이다. 매일 아침 설교를 준비하기 위하여 서재에 앉아 인터넷에 들어가 불필요한 사이트들을 기웃거리다가 시간을 허비한다면, 그것은 설교 준비를 위한 온전한 준비가 아니다. 그러나 주어진 본문의 깊은 뜻을 헤아리기 위하여 성령님의 도움을 구하고, 말씀을 석의하고, 주해하며 메시지를 찾는 그 노력은 설교를 위한 바른 준비의 자세라고 본다. 그러한 자세는 자신도 모르는 사이에 생활의 일부가 되어서 마침내는 삶의 현장 도처에 진열되어 있는 메시지를 발견하게 된다. 그리고 앉거나 서거나 말씀의 주인과의 대화를 쉬지 않고 지속하고 풍요로운 메시지의 자료와 내용을 받게 된다.

한국교회
설교 사역의 진단

8 한국교회 설교 사역의 진단

Q. 한국교회는 그동안 하나님의 말씀을 선포하는 설교 사역에 최선을 다했다고 생각합니다. 그러나 최근에 이르러서 '강단의 탈선' 또는 '설교의 위기'에 대한 언급들이 종종 이어지고 있습니다. 교수님께서도 이러한 설교의 위기에 대하여 공감하시는지요? 그리고 이러한 위기설이 언제부터 한국교회에 나오기 시작하였는지 알고 싶습니다.

A. 그렇습니다. 말씀하신 대로 한국교회는 세계의 어느 나라 교회보다 설교에 심혈을 기울여 하나님의 말씀이 이 땅 위에 올곧게 전파되는 데 최선을 다하는 설교자들을 많이 배출해 왔습니다. 지금도 설교에 최선을 기울이며 바른 설교 사역을 감당하려고 노력하는 많은 설교자들에 의하여 우리 교회는 건재합니다.

그러나 한국교회 강단의 어제와 오늘, 그리고 내일을 생각하는 사람들에게는 분명히 오늘의 한국교회 강단에 문제가 있다는 데 공감대가 형성되고 있습니다. 과거의 건실했던 설교가 많이 퇴색되어 가고 있다는 점을 인정하게 됩니다. 소수에 의하여 시작된 설교의 탈선 증상이 이제는 보편화되어 가고 있다는 평가를 하게 됩니다. 바로 여기서 설교의 위기를 말하게 됩니다.

한국교회는 1960년대 후반부터 일기 시작한 교회의 양적인 성장에 많은 목회자들이 경쟁적으로 관심을 기울이는 과정에서 설교에 많은 문제가 유발되었습니다. 전국 복음화 운동과 같은 집회가 전국에서 활발하게 진행되면서 설교는 두 가지 형태로 나타나고 있었습니다. 주일 예배당 안에서 드리는 예배에서는 설교가 정중하고 진지했습니다. 말씀을 선포하고 그 말씀을 바르게 해석하는 데 주안점을 두었습니다. 그리고 그 말씀을 진지하게 회중의 삶에 적용시켜 주었습니다. 반면에 주중에 천막이나 학교 강단과 같은 예배당 밖의 집회에서 행해지는 설교는 흥미 위주로 주로 예화나 간증과 같은 것을 설교라는 이름 아래 진행하였습니다. 회중은 교회에서 듣는 전통적인 설교보다는 자신들을 웃기고 울리는 집회에서 듣는 설교가 한결 친근하게 생각되었습니다. 이러한 현상을 보면서 설교자들은 서서히 주일 낮 예배에서도 이러한 집회에서 있었던 설교의 형태를 도입하기 시작하면서 설교의 형태와 본질에 많은 손상을 입히게 되었습니다.

지금도 기억나는 어느 강사의 이야기입니다. 설교자가 마치 코미디언처럼 말하고 행동하다가 "내가 우리 교회에 돌아가 예배할 때는 절대로 이렇게 설교하지 않습니다."라고 말을 할 때 많은 사람이 웃은 적이 있습니다. 그러나 오늘날 집회와 예배에서 진행되는 설교의 차이를 발견하기가 매우 어렵기에 설교의 위기는 더욱 고조되어 가고 있습니다.

Q. 설교의 위기를 말하면서 그 책임을 설교자에게 먼저 물을 것이 아니라 우선적으로 한국교회가 책임져야 할 부분은 없는지 궁금합니다. 어느 단체나 사회에서도 부정적인 요소는 그 집단과 지도자가 함께 책임져야 할 원인을 가지고 있다고 생각합니다. 먼저 설교자가 설교의 이탈을 할 수밖에 없는 정황을 알고 싶습니다.

A. 좋은 질문입니다. 설교의 위기를 말하면서 설교자의 책임을 묻기 전에 다음 세 가지 사실에 대하여 우리들은 먼저 깊이 고려해야 합니다.

먼저는, 우리의 오랜 역사 가운데 형성된 종교문화가 교회 안에 끼친 영향을 언급하고자 합니다. 우리 문화권에서 심어진 종교관은 신으로부터 도움을 받아 어려운 질병과 가난과 전쟁의 광야를 피해 가는 데 우선적이었습니다. 그래서 모든 종교는 무병장수, 소원성취, 부귀영화의 깃발을 들고 민중 속에 스며들었습니다. 이러한 종교 문화권에서 살고 자란 그리스도인들도 복음을 받을 때부터 순수한 구원의 종교로서의 진리만을 전하지 못했습니다. 전능하신 하나님이 창조주로서 복의 근원이심을 가르치는 데 설교가 앞장을 섰습니다. 그래서 자연적으로 우리 기독교는 이 땅의 종교심상에 편승하였고, 기복사상이 떠나지 않았습니다. 구원의 도리보다는 위로와 축복의 메시지를 즐겨 찾는 일에 회중의 관심이 기울어지기 마련이었고, 지금도 각종 신유나 축복의 성회가 대성황을 이룹니다. 이러한 회중의 심성은 예배 현장에서 하나님으로부터 무엇인가를 받고자 하는 데 늘 귀를 열고 있습니다. 조금이라도 자신에게 유리한 말이 나오면 '아멘'으로 화답하면서 반깁니다. 그렇지 못한 부분에서는 고개를 떨구고 설교 자체에 흥미를 잃고 있습니다.

둘째는, 한국교회에 들어온 예배 전통이 설교만을 중심으로 하는 집회 형식이라는 점입니다. 집회에서는 찬송과 기도가 모두 설교를 향하여 가는 매개체처럼 이해되고 있습니다. 대다수의 교인들은 자신들이 드리는 예배에서 찬송이나 기도 가운데서, 더 나아가 성찬성례전의 예전 가운데서 은혜를 받았다고 표현하지 않습니다. 오직 설교에서만 은혜를 추구합니다. 그래서 단순한 경건회나 기도회에서도 목사의 설교가 당연히 있어야 한다는 인식을 하고 있습니다. 그 흔한 설교보다는 차라리 기도회 인도자나 회무를 진행하는 사회자가 성경 한 장을 경건하게 읽고 설교를 대신하는 것마저 어렵게 생각하고 계속적으로 목사의 설교만을 찾고 있는 현상입니다. 이러한 현상의 결과는 설교 아닌 설교를 매주일 수십 번을 해야 하는 설교의 빈도를 가져옵니다. 한계를 가지고 있는 설교자가 거의 무한대의 설교를 일년 내내 한다는 것은 설교의 위기를 불러오게 하는 원인 중의 하나라고 봅니다.

셋째, 설교의 위기가 도래했다는 말을 들을 때마다 가장 마음이 아픈 것으로 설교자로서의 전문교육을 받을 수 있는 신학교육의 문제점을 말하게 됩니다. 우리나라의 신학교육은 초창기부터 주로 주경신학과 조직신학, 실천신학에 주안점을 두었습니다. 그 예로 평양신학교의 경우를 보면 설교학 교육이 주경신학이나 조직신학과 어깨를 나란히 하면서 곽안련(Allen Clark) 교수에 의하여 활발하게 진행되었습니다. 당시에 신학교육을 받았던 분들은 평양신학교를 다니면서 '실천신학을 위한 신학교'로 착각할 정도였다는 증언을 하고 있습니다. 그러나 평양신학교가 문을 닫게 되고 그분이 귀국한 후 광복을 맞게 되고 신학교가 다시 문을 열었을 때는 신학교육이 전혀 다른 방향으로 전개되었습니다. 일본에서 신학을 하신 분들은 거의 실천신학과는 거리가 멀었습니다. 미국에서 공부하신 분들도 이론신학을 전공하고 돌아왔을 뿐, 실천신학을 학문적인 차원에서 연구하지 않고 신학교육을 이끌었습니다. 이러한 결과는 실천신학의 가장 핵심 분야인 설교와 예배 분야의 교육의 발전을 외면하는 결과를 가져왔습니다.

약 40년간의 공백을 낳은 설교학 교육은 많은 설교자들에게 혼돈을 가져왔습니다. 설교의 신학과 이론과 실제를 배우지 못한 채 강단에 선 설교자들은 모방과 창작으로 설교 사역을 감당하게 되었습니다. 바른 설교자를 모방하여 자신의 설교를 이어가는 설교자들이 있는가 하면, 집회에서의 설교 아닌 설교를 설교의 전부로 알고 그대로 모방하여 예배 가운데서 행한 설교자들이 속속 등장했습니다. 이처럼 설교의 이론을 갖추어 목사들을 배출하지 못한 신학교육이 오늘의 설교의 위기를 가져오는 데 원인이 되고 있습니다.

⁕

Q. 방금 전에 지적하신 설교의 위기 요소 가운데 두 번째에 언급하신 설교의 횟수에 대하여 질문을 하고자 합니다. 외국교회에서도 한국교회 설교자들처럼 설교를 많이 하는지요? 아니면 우리 한국교회만이 가지고 있는 현상인지 듣고 싶습니다.

A. 한국교회는 다른 나라의 교회가 따라올 수 없을 정도의 탁월한 다음 몇 가지의 자랑거리가 있습니다.

첫째, 성경공부입니다. 자신의 성경을 가지고 하나님의 말씀을 공부하려는 열의가 대단합니다. 둘째, 주일성수의 신앙심입니다. 셋째, 전도의 열심입니다. 넷째, 십일조의 준행입니다. 그리고 다섯째는 모이는 열심입니다. 주일 낮 예배, 주일 오후의 찬양예배, 수요기도회, 금요철야기도회, 그리고 매일의 새벽기도회, 구역예배 등은 한국의 모든 교회의 기본적인 모임입니다.

바로 앞에서 본 다섯 번째의 모이는 열심과 설교의 횟수는 언제나 동반할 수밖에 없는 주제입니다. 모임마다 목사의 설교가 있어야 한다는 것이 기본적인 이해로 자리 잡고 있습니다. 이러한 목회 현장은 세계 어느 나라에서도 볼 수 없는 우리만의 고유한 모임의 형태입니다. 이러한 목회 현장이기에 설교는 일주일에 10회가 넘도록 해야 하고, 이 일을 감당할 수 없는 한계 때문에 설교는 내실을 기하지 못합니다.

설교자의 쉼 없이 행해지는 설교에 많은 교인들이 염증을 느끼고 있습니다. 인간은 말을 많이 할 때 실수가 따르기 마련이고 신선미를 상실하게 됩니다. 솔직히 일 년이면 500편이 넘는 설교를 해야 하는 무거운 짐을 제대로 감당한다는 것은 거의 불가능합니다. 만약 한 설교자가 그 교회에서 10년을 목회한다면, 5천 편의 각각 다른 설교를 해야 한다는 계산이 나옵니다. 이것은 거의 불가능합니다. 한 설교자가 매년 500편이 넘는 신선한 설교를 할 수 있다는 것은 상상할 수 없는 과중한 일입니다. 바로 여기로부터 한국교회 설교의 위기가 발생합니다.

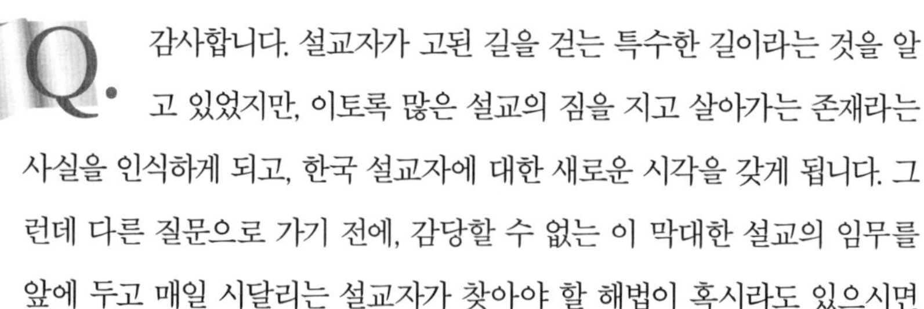

Q. 감사합니다. 설교자가 고된 길을 걷는 특수한 길이라는 것을 알고 있었지만, 이토록 많은 설교의 짐을 지고 살아가는 존재라는 사실을 인식하게 되고, 한국 설교자에 대한 새로운 시각을 갖게 됩니다. 그런데 다른 질문으로 가기 전에, 감당할 수 없는 이 막대한 설교의 임무를 앞에 두고 매일 시달리는 설교자가 찾아야 할 해법이 혹시라도 있으시면

듣고 싶습니다.

A. 예, 해법이 있습니다. 그러나 완벽한 것은 아닙니다. 우선 설교자는 설교를 줄여야 합니다. 그래야 삽니다. 매 주일 이 모든 설교를 혼자서 감당하려는 생각부터 바꾸어야 합니다. 설교자가 한 주일에 이 많은 설교를 감당하려고 한다면 그는 자신의 설교 생명을 단축시키는 결과를 가져옵니다. 설교의 열심은 두 가지의 경우에 두드러집니다. 하나는 주일 낮 예배의 설교에 심혈을 기울여 완벽한 원고를 작성하려는 의욕입니다. 그리고 또 하나는 교인들 앞에 자주 서서 설교하고자 하는 열심입니다. 설교하는 것이 아무리 좋고 당연하더라도 두 번째의 열심은 재고하기를 부탁하고 싶습니다. 저의 부탁은 일주일에 한 번 강단에 서더라도 한 편의 설교에 최선의 노력을 기울일 것을 권하고 싶습니다.

저는 미국의 설교학계에서 저명한 교수이셨던 은사님(Wade Huie, Jr.)을 한국에 초청하여 한 학기를 모시면서 한국교회 설교자들의 막중한 설교 횟수에 대하여 논의한 적이 있습니다. 몇 개월 동안 여러 교회를 방문하면서 얻은 결론이 있었습니다. 그것은 다가오는 주일의 설교를 위하여 본문을 6절 이상 정하고, 석의와 주해를 끝낸 한 절씩을 가지고 새벽기도회에서 전하고, 수요기도회에는 지난 3일 새벽에 전했던 3절을 모아 회중의 삶에 간단하게 적용하여 나가다가, 주일에는 그동안 새벽기도회에서 했던 6절의 메시지를 종합적으로 해석하고 회중의 삶에 적용하는 설교를 시도해 볼 것을 이야기한 적이 있습니다. 그럴 때 새벽기도회에 출석했던 교인들이 말씀을 더욱 분명하게 정리할 뿐만 아니라 그 말씀의 뜻을 반복하여 심어줌으로써 얻을 장점이 많으리라는 생각이었습니다. 그리고 주일 저녁은 부교역자들이나 또는 각종 헌신예배로 강사를 초청하거나 적절한 간증을 통한 집회로 저녁예배를 진행할 수 있을 것이라는 조언을 받은 바 있습니다.

부디 모든 설교를 한 설교자가 다 감당하려는 생각을 버리고 설교다운 설교를 주일예배 가운데서 들려준다면, 오늘의 그리스도인들은 그것만으로도 행복하게 여기며 감사하리라 생각합니다. 실질적으로 교인들은 매시간 설교에서 은혜를 받으리라는 기대를 하지 않습니다. 단순한 교육으로도 만족하게 생각합니다. 완벽한 설교를 매시간마다 설교자에게서 기대하지 않고 있습니다. 새벽기도회는 회중이 기도할 수 있도록 시간을 주어야 합니다. 수요기도회도 회중이 함께 깊은 관심을 가지고 있는 문제들을 놓고 하나님께 기도하는 공동체가 되도록 해주어야 합니다.

사람은 말수가 많은 사람보다 진지한 언어를 구사하면서 언어에 신중을 기하는 사람을 기본적으로 좋아합니다. 설교자는 교회에서 가장 많은 말을 해야 합니다. 매일 새벽부터 말을 해야 하는 설교자는 겸허해야 합니다. 자신의 제한된 어휘를 비롯하여 표현의 한계성을 인정해야 합니다. 그리고 자신의 지식이 무한하지 않다는 것도 자인해야 합니다. 이러한 한정된 어휘와 표현, 그리고 지식은 설교를 많이 할수록 그 반복을 피할 수가 없습니다. 한 설교자의 반복된 설교의 어감과 표현과 내용이 계속될 때, 회중은 곧 싫증을 느낀다는 사실에 깊은 관심을 기울여야 합니다.

대화의 함축된 의미들

한국교회에 설교의 위기를 말하는 비판의 소리가 이제는 도처에서 들려오고 있다. 과거와 달리 그 수를 다 헤아리기 힘들 정도로 많은 신학교에서 배출되는 목사의 수효는 실로 엄청난 숫자이다. 이들은 모두가 한결같이 설교자로 등장한다. 비록 소수이더라도 교회라는 집단을 형성하고, 거기에서 시간마다 설교가 진행된다.

과연 이들은 모두 바른 설교를 하고 있는지를 물을 때 긍정적인 대답을 얻기가 힘들다. 우리 종교문화가 자신이 속해 있는 종교 지도자의 말을 바로 신의 말처럼 수용하고 따르는 것이 예사로운 일이 된 현장이기에 설교자는 더욱 탈선한다. 설교자 자신의 생각과 말을 하나님의 메시지로 미화시키는 사례가 너무 많다.

거기에 더하여 목회자는 너무 많은 시간을 교인들 앞에 나타나야 하고, 그때마다 설교를 해야 한다. 세계의 어느 교회에서도 볼 수 없는 설교의 횟수를 감당해야 하는 목회의 현실이다. 여기에 대한 슬기로운 대안을 가지고 나서지 못한 설교자는 곧 지치게 된다. 그리고 설교에 대한 의욕을 상실하게 된다. 그러하기에 설교를 아끼고 그 많은 횟수를 적절하게 조정하는 설교자가 되어야 한다는 주장을 편다.

끝으로, 설교는 창작과 모방으로 이룩되는 사역이 아니다. 물론 훌륭한 설교자들을 보면서 그들의 설교의 형태와 전개방법이나 전달에 관한 탐색은 필요하다. 거기에서 배울 만한 점은 아낌없이 배우는 것은 지혜로운 일임에 틀림이 없다. 그러나 자신이 설교의 이론을 배우지 않고서는 모든 것이 뿌리를 내릴 수 없다. 설교학의 세계에서 펼쳐지고 있는 소중한 과목들을 열어보고, 거기서 겸허하게 배우고, 그 이론을 자신의 것으로 소화하는 설교자만이 든든한 뿌리를 내리고 새로운 세기의 설교 사역에 우뚝 솟을 수 있다.

언제나 기대치에 못 미치는
나의 설교 – 그 이유

9 언제나 기대치에 못 미치는 나의 설교 – 그 이유

Q. 저는 설교자로서 가장 괴로운 순간이 있습니다. 그것은 다름 아니라 비디오테이프에 담긴 저의 설교를 보는 시간입니다. 그 이유는 설교를 하는 순간에 가지고 있던 내 설교에 대한 생각과 너무나 큰 차이가 있기 때문입니다. 다시 말하면 내가 확신했던 수준에 전혀 도달하지 못한 경우가 허다합니다. 그때마다 부끄러운 심정을 감추지 못합니다. 거의 한 번도 저의 설교 테이프를 들으면서 만족해 본 적이 없습니다. 이러한 현상은 설교자 모두의 문제일까요? 아니면 저의 경우에 한정된 것일까요? 그 원인을 듣고 싶고, 여기 설교자로서 경계해야 할 함정이 있는 것은 아닌지 염려가 됩니다.

A. 매우 정상적인 설교자의 고민입니다. 저 역시 동일한 경험을 계속하고 있는 사람입니다. 설교자들이 범하기 쉬운 오류가 바로 여기에 있습니다. 그것은 자신이 하고 있는 설교를 실제보다 지나치게 높게 평

가하는 문제입니다. 설교 현장을 그대로 촬영해 놓은 테이프를 보면서 실망하고 불만스럽게 생각하는 이유는 자신이 기대했던 것에 미치지 못했다는 말입니다. 이 말은 설교의 실상보다 설교자의 기대치가 더 높았다고 할 수 있습니다. 이러한 경우를 착각이 불러온 과신(過信)이라고 말합니다.

저는 주신 질문에 대해서 두 가지 측면에서 말씀을 드리고 싶습니다. 하나는 매우 긍정적인 부분입니다. 설교자가 자신의 설교를 늘 살피고 부족을 느낀다는 것은 매우 고무적인 일입니다. 자신의 설교에 대한 불만과 아쉬움을 가진다는 것은 다음 설교만은 더 잘해 보려는 의지를 불태우게 하는 동력이 됩니다. 그리고 어떤 부분이 자신에게 실망을 안겨주고 있는지를 발견하려는 눈이 뜨이게 됩니다. 바로 이러한 면은 기대치에 못 미친 자신의 설교를 보고서 얻게 되는 큰 소득입니다.

여기서 하나 주의해야 할 것이 있습니다. 설교자들이 자신의 기대치 이상으로 행하였던 설교는 다시 보기를 원하나 기대치에 미치지 못한 설교 테이프는 다시 듣거나 보고 싶지 않다는 데 문제가 있습니다. 여기서 설교자의 인내와 도전이 필요합니다. 인간이기에 자신의 잘한 일에 더욱 친근감이 가는 것은 사실입니다. 그러나 자신의 부족한 면을 발견하고 그 부분을 보충하려는 노력이 없이는 설교의 발전이 있을 수 없습니다. 그러하기에 설교자는 자신의 설교를 다시 듣고 보는 것을 일상화해야 합니다. 그럴 때 설교의 발전은 자신도 모르는 사이에 이어지게 됩니다.

저는 어떤 주일에는 거의 완벽하다는 생각이 들 정도로 설교 준비를 잘 마칩니다. 그리고 확신을 가지고 자신 있게 설교를 합니

다. 그러나 그 결과는 의외로 기대치에 도달하지 못하고, 나의 설교가 허공을 돌다가 다시 내게 돌아온 느낌을 갖습니다. 회중 속에 메시지가 전혀 스며들지 못함을 느끼고 괴로워하는 경우가 있습니다. 완벽한 준비에 따른 나의 확신에도 불구하고 어떻게 그러한 결과를 초래하게 되는지 늘 궁금합니다. 많은 설교자들이 이러한 과정을 경험한다고 들었습니다. 이러한 문제에 대하여 설교학적인 진단을 받고 싶습니다.

A. 매우 중요한 질문입니다. 그렇습니다. 어떤 때는 준비가 매우 빈약하다고 생각하는 설교인데 뜨거운 은혜의 물결이 넘치는 것을 경험합니다. 반면에 완벽한 준비라고 자신했는데 전혀 기대에 미치지 못하여 실의에 찬 경험을 하게 됩니다. 이러한 경우는 흔히 많은 설교자들이 겪는 경험입니다.

그러나 이러한 경험이 언제나 계속되는 것이 아닙니다. 간혹 발생할 경우가 있습니다. 생각해 보면 준비를 철저히 하지 않은 설교가 완벽한 준비를 마친 설교보다 은혜가 더 된다는 논리는 아주 모순됩니다. 이 모순을 보고서 철저한 설교의 준비를 포기한다면, 그것은 참으로 비극을 향한 방향전환입니다.

설교의 완벽한 준비가 효과를 거두지 못하는 이유는 단순합니다. 설교자가 어떤 경우 준비가 부족할 때는 겸손한 자세와 부끄러운 양심으로 성령님의 도움을 구합니다. 물론 그럴 때는 다음의 설교만은 성실하게 준비하겠다는 약속과 함께 긴급한 도움의 손길을 구합니다. 이러한 경우 설교단에선 자세부터 겸허하고 간절합니다. 설교자 자신이 갈급한 심정으로 메시지를 구합니다. 그럴 때 하나님은 사랑하는 말씀의 종과 회중을 불쌍히 여기셔서 예외적인 은혜를 주시는 때가 있습니다. 이러한 사례는 언제나 있는 것이 아니라 매우 특수한 사례입니다.

여기서 유의해야 할 것은 설교자가 완벽한 준비를 했다는 자신을 가지고 단에 올랐을 때 나타난 기대치 이하의 결과입니다. 자신이 완벽하게 준비한 설교가 교인들에게 감명 깊게 들려지고 큰 반응을 불러일으킬 것이라는 기대가 무너질 때 찾아드는 허탈함과 괴로움이 문제입니다. 이러한 경험을 한 바 있는 설교자라면 다음의 질문에 대한 진솔한 대답을 찾아보아야 합니다.

먼저는, 설교자가 본문과 주제의 선택부터 석의, 주해, 적용, 그리고 설교 자료의 발굴까지의 그 모든 준비가 진심으로 성령님의 도우심을 절박한 심령으로 간구하면서 이루어졌는지를 돌아보아야 합니다.

둘째는, 존엄한 하나님의 말씀을 운반하게 되는 도구로서 설교자 자신이 하나님 앞에 떳떳한 한 주간의 삶을 살았는지를 반성해 보아야 합니다. 그 도구가 하나님 앞에 칭찬 받을 정도로 청아(淸雅)한 심성과 정신과 육체를 갖추고 있는지를 살펴보아야 합니다.

셋째는, 자신이 완료한 설교의 준비만을 의지하고 교만에 가까운 확신을 발판으로 단에 서지는 않았는지를 살펴보아야 합니다. 자신을 도구로 사용하실 성령님께 자신을 맡기고 그분의 두루마리를 입고 나서야 하는 설교자가 홀로 완벽한 설교의 준비에 의지하는 자세를 가지고 단에 서지는 않았는지 성찰해야 합니다.

넷째로, 설교자가 설교에 대한 자신감이 차고 넘쳐서 설교의 교만이 그 스스로에게 스며들지 않았는지를 반성해야 합니다. 교만 중에 가장 무서운 것이 설교의 교만입니다. 이 설교의 교만은 성경말씀대로 패망의 선봉입니다.

Q. 말씀하신 설교에 대한 확신과 교만의 차이점을 듣고 싶습니다. 설교를 잘할 수 있다는 확신도 교만에 속한 것인지 알고 싶습니다. 설교자가 자신감을 가지고 설교 사역에 임해야 한다는 것이 저의 소신입니다. 그런데 그 확신이 말씀하신 설교의 교만과 근접한 듯하여 약간의 혼돈이 오고 있습니다. 좀 더 설명을 해주셨으면 합니다.

A. 매우 필요한 질문입니다. 문제는 질문하신 확신의 성격 문제입니다. 방대한 설교의 어느 분야에 대한 확신을 말씀하시는지 불분명합니다. 설교에 대한 확신은 여러 가지 차원에서 점검해야 합니다. 먼저는, 설교자로서의 정체성(identity)에 대한 확신입니다. 설교자 자신이 말씀을 들고 설교단에 서는 그 순간에 하나님이 부르시고 훈련시킨 말씀의 종으로 스스로 갖게 되는 확신이 필요합니다. 하나님의 손에 이끌리어 설교단에 선 순수한 도구로서의 확신을 말합니다. 둘째는, 오늘의 본문(text)에 대한 성실한 석의작업(exegesis)을 수행하여 본문의 뜻을 정확히 파악했다는 자신감의 문제입니다. 셋째로, 준비된 설교자 자신과 메시지를 자신의 전달의 기술에 의존하지 않고 순수한 성령님의 도우심에 전폭적으로 의지하고 있다는 확신의 문제입니다. 끝으로, 말씀의 주인이신 하나님이 그날의 회중을 불쌍히 여기시사 각각 다른 심령마다 필요한 메시지를 심어주시리라는 확신입니다.

이상과 같은 확신은 교만이 아닙니다. 그러나 다음의 경우에 속한 확신의 소유자는 패망의 선봉인 교만에 잡혀 있는 사람들입니다. 먼저는, 주변의 사람들이 자신을 타고난 설교의 재능이 있는 사람이라고 하는 평가에 편승하여 언제나 자신은 설교를 잘할 수 있는 사람이라는 착각을 하고 사는 것은 교만에 속합니다. 둘째는, 설교가 진행되는 동안 교인들이 '아멘'으로 들려주는 반응에 도취되어 자신의 설교가 우수하다는 판단을 하고 사는 설교자의 경우입니다. 셋째는, 자신의 뛰어난 화술과 음색과 용모와 제스처에 매료되어 자신의 설교에 언제나 집중하는 회중을 보면서 자신의 설교는 다른 설교자들의 추종을 불허할 정도라고 생각하는 설교자의 경우입니다. 넷째로, 설교자가 본문은 설교라는 이름 때문에 징검다리로 읽어만 놓고, 회중이 좋아하는 책의 내용이나 예화를 혼합하여 흥미롭게 종교수필을 들려주면서 남다른 설교자로 차별화됨을 즐기는 경우입니다. 끝으로, 본문을 한번 읽고 아무런 주석 작업을 거치지 않고 자신이 느낀 바를 절대적인 진리나 계시처럼 외치는 행위 등은 모두 설교자가 경계해야 할 교만의 함정입니다.

이처럼 설교자의 확신과 교만은 차이가 큽니다. 다시 말하면 설교자로서의 확신은 매우 필요합니다. 앞에서 열거한 확신이 없이는 설교자는 한 치의 발길도 내딛을 수 없습니다. 그러나 교만은 설교자에게 매우 위험한 함정입니다. 설교자가 늘 경성하여 경계해야 할 덫입니다.

설교자가 갖추어야 할 확신과 버려야 할 교만을 구분하여 주심에 감사합니다. 두 주제가 너무나 근접해 있기에 설교자의 한사람으로 몹시 긴장됩니다. 주신 말씀을 생각하면서 설교의 교만에 대하여 더 듣고 싶습니다. 좀 어리석은 질문인 듯하오나 설교의 교만이 가져오게 되는 결과는 어떤 것들인지 좀 더 자세히 듣고 싶습니다.

설교 사역의 본질을 깨닫고 있는 사람들은 그 연륜이 더해 갈수록 설교는 조금이라도 소홀히 할 수 없는 특유한 사역임을 알게 됩니다. 그리고 설교자란 언제나 겸손히 말씀의 주인 앞에 엎드리어 메시지를 받아 운반해야 할 종의 신분임을 늘 확인해야 합니다. 만에 하나 설교자가 설교에 대하여 교만한 마음을 갖고 이 소중한 사역의 대열에 서게 된다면, 그 결과는 슬픈 종말을 가져올 수밖에 없습니다.

먼저는, 설교자가 자신의 설교에 대하여 스스로 만족하게 되면 어느 누구의 도움도 필요치 않다고 생각하게 됩니다. 심지어 성령님의 도우심마저 거론하지 않게 됩니다. 홀로 서는 설교자로서 나래를 펴다가 언젠가는 힘없이 무너집니다.

둘째로, 말씀의 주인이 원하시는 메시지의 발굴 작업에는 관심을 두지 않고, 오직 자신의 지식과 판단과 경험, 그리고 수집된 자료를 메시지로 내세우는 거대한 우를 범합니다.

셋째로, 이러한 결과는 자연적으로 설교의 본질을 벗어나 하나님 말씀의 선포가 아니라 지식이나 인격이나 도덕의 분야에 관심을 갖는 종교수필로 전락합니다. 그래서 회중은 산뜻한 종교 강의를 듣는 기분에 젖게 됩니다.

넷째로, 설교에 자만심을 가지고 있는 설교자들이 보여주는 공통점은 그날의 본문에 대한 철저한 석의 작업을 하지 않는다는 점입니다. 자신이 하고자 하는 말에 그 본문을 사용하는 무서운 오류를 범합니다.

다섯째로, 남다른 말재주의 능력을 갖고서 이 교만의 대열에 선 설교자는 때로는 최면술과 같은 이상한 논리와 설득과 호소로 진리를 벗어난 행위를 합니다. 즉, 하나님의 말씀인 성경의 진리로 놓여진 궤도로부터 탈선하여 자신과 그 추종자들을 죽음의 세계로 끌고 가는 경우도 우리 주변에 많이 발생합니다.

대화의 함축된 의미들

설교는 기본적으로 인간의 말로 이어진 단순한 사역이 아니다. 설교가 비록 인간의 입을 통하여 인간의 귀에 전달되는 과정을 밟고 있지만, 이것은 인간이 작성한 단순한 강의나 수필을 들려주는 현장이 아니다. 설교란 하나님의 말씀을 한 인간이 맑은 심령으로, 그리고 두렵고 떨린 자세로 받아 그 뜻을 헤아리고, 그 가운에서 주어진 메시지를 하나님의 백성들에게 운반하여 주는 사역이다.

여기에는 이 고결한 사역을 수행하는 설교자의 확고한 신념이 필요하다. 자신의 정체성을 언제나 확인하고 그 성역의 존엄함을 확신하는 것은 설교자의 일차적인 임무이다.

그러나 설교자의 주변에 언제나 도사리고 있다가 틈새를 파고들려는 설교의 교만은 끊임없이 경계해야 할 부분이다. 일반적으로 설교자는 겸허한 도구가 되어 하나님의 말씀을 운반하겠다는 결심을 하고 나선다. 그러나 설교자가 어느 수준에 도달했을 때는 설교의 두려움이 사라지고 자신도 모르는 사이에 파고드는 교만의 병에 걸리게 된다. 이 병은 설교자에게만 피해를 끼치는 병이 아니다. 그의 설교를 듣는 회중까지 병들게 만든다. 결국은 설교자와 회중이 생명을 잃게 되는 무서운 파괴력을 갖게 된다. 즉, 설교를 통해 들려주시는 하나님의 명령에 귀 기울이고 말씀에 자신의 삶을 변화시키려고 노력하기보다 설교자의 달변이나 유머로 인해 귀만 즐거우려는 회중이 되게 만든다. 그래서 설교자는 자신의 사역에 대한 건실한 확신에는 뿌리를 내리되, 암초처럼 도사리고 있다가 어느 날 거기에 걸려 넘어지게 되는 교만은 쉼 없이 경계해야 한다.

남의 설교집을
복사하는 문제

10 남의 설교집을 복사하는 문제

Q. 저는 지난 이십 년간 설교를 하면서 이것이 아닌데 하는 생각을 하면서 문제의 해결보다는 우선 내 앞에 다가오는 설교의 날들을 채우는 데 급급하고 있습니다. 특별히 설교를 충분히 준비할 수 있는 시간적인 여유를 갖지 못한다는 것이 저에게는 가장 안타까운 부분입니다. 특별히 한국교회의 목회의 장은 설교자에게 차분하게 설교 준비를 할 수 있도록 도와주지 않는 게 현실입니다. 부족한 시간 때문에 언제나 만족할 만한 설교 준비를 하지 못한 채 설교단에 섭니다. 내 스스로 이것이 나 하나의 문제가 아니라 한국교회 모든 설교자들이 공통적으로 느끼는 것인 동시에 한국교회 강단에 위기를 조성하는 중요한 문제가 아닌가 봅니다. 여기에 대한 의견을 듣고 싶습니다.

A. 주신 의견에 전적으로 동감합니다. 저 역시 목회의 장에서 경험하고 절박하게 느꼈던 문제입니다. 그렇습니다. 한국교회의 목회

자는 외국교회 목회자보다 설교를 준비하는 시간이 훨씬 부족합니다. 한국교회는 이 땅에 복음이 들어올 때부터 지난번 대화에서 나눈 대로 이 땅의 종교문화의 영향을 절대적으로 받아왔습니다. 그중에 하나가 이 땅의 토착종교들이 행하였던 대로 정기적으로 교인들의 집을 심방해서 그들의 사정을 살피고 그들을 위하여 기도해 주고 위로와 격려를 하면서 축복해 주는 관습을 이어가는 일입니다. 자신에게 속한 교인들의 애경사를 모두 맡아주는 목회 형태입니다.

이러한 목회의 형태는 목회자가 조용히 명상하고 서재에서 책을 읽으면서 설교를 준비해야 할 시간을 교인들의 삶의 장을 직접 보살피는 데 모두보내게 했습니다. 지금도 많은 설교자들이 설교 준비보다 교인의 가정 심방과 그들의 애경사를 우선적으로 생각하는 경향이 있습니다.

교인들을 대상으로 하는 목회여론조사에서 목사가 최우선적으로 생각하고 준비해야 할 일들을 나열하고 의견을 물었을 때, 교인들은 목사가 설교 준비에 70% 이상의 시간을 내놓아야 한다고 답했습니다. 그러나 실상은 그렇지를 못합니다. 많은 교인들은 목사의 설교보다 우선 자신들을 만나주고 찾아 주는 것을 더 기뻐하고 고마워합니다. 그러나 그들에게 주었던시간 때문에 설교 준비를 못하고 설교단에서 빈약한 설교를 했을 때에는조금의 동정이나 이해가 없습니다. 오히려 충실치 못한 설교에 불만을 앞장서서 제기합니다.

목사는 이 틈새에서 깊은 고민을 합니다. 70%가 요구되는 설교 준비에30%도 내놓지 못하고 시간이 닥쳐와서야 허겁지겁 설교를 준비하려 합니다. 시급하게 설교 준비를 할 때에 설교의 영감은 시원스럽게 찾아오지 않고, 오직 졸음만이 엄습해 와서 설교자를 괴롭게 하는 경우가 많습니다.

여기에 부언하고 싶은 것이 또 하나 있습니다. 바로 설교에 대한 철저한 교육의 부재에도 문제가 있다는 것입니다. 한 편의 설교를 위하여 밟아야 할 절차를 모를 때, 설교자는 설교 준비에 많은 차질을 가져옵니다. 한 편의 설교가 나오기까지 거쳐야 할 과정을 모를 때, 단숨에 설교를 준비할 수 있다는 착각이 나오게 되고, 그 착각은 한 편의 설교가 요구하는 시간을 다 내지 못하는 부끄러운 결과를 초래하게 됩니다.

설교를 가르치는 저의 입장에서는 여기에 대한 일차적인 책임은 교인들에게 있다고 보진 않습니다. 설교자 자신이 책임져야 할 문제입니다. 목사를 찾을 때 설교 준비에 열중하고 있는 모습을 보게 되는 교인은 목사의 시간과 설교를 연관시키게 됩니다. 그리고 설교자의 시간을 보호하려는 의지가 보입니다. 즉, 목사의 설교 준비에 교인들이 협조를 아끼지 않는다는 말씀입니다.

저는 무엇보다도 설교를 자신의 생명처럼 생각하고 살아가는 설교자의 소명의식과 의지의 문제라고 생각합니다. 하나님의 말씀을 전하기 위하여 태어난 존재로 생각하고, 그 소임을 위하여 몸과 마음과 시간을 모두 바치겠다는 의지가 살아 있는 설교자라면 설교 준비에 최우선을 둡니다. 이러한 설교자는 매일의 새벽기도회를 마치고 3시간 이상씩을 설교를 위하여 책상 앞에 앉아 있게 됩니다. 이러한 의지가 살아 지속되는 설교자에게는 설교의 광채가 반드시 빛난다고 저는 확신합니다.

Q. 이 질문은 무척 망설이다가 드리게 됩니다. 저의 부끄러운 심정으로 드리는 고백이며, 동시에 질문이기도 합니다. 저는 설교 준비가 원만하지 못했을 때, 시중에 홍수처럼 쏟아져 나오는 설교집을 펼치게

됩니다. 처음에는 내가 설교하려는 본문과 주제를 가지고 누가 어떻게 설교를 했는지를 찾아 참고하려는 의도였습니다. 그러나 나도 모르게 지금은 그러한 의도가 변질되어 본문과 주제를 선정하려는 노력도 뒤로 하고, 아예 내 맘에 든다 싶으면 그것을 복사기에서 복사하여 설교단에 올라갈 정도로 남의 설교집에 의존하고 있습니다. 처음에는 설교 준비를 위한 시간의 모자람이 이유였으나, 지금은 남의 설교집들을 찾아 펼치는 일이 설교의 준비가 되어버리는 지경에 이르렀습니다. 이런 식의 설교 준비가 상습화되어 있는 나 자신의 모습이 무척 부끄럽습니다. 계속 이렇게 나갈 때 제게 있게 될 마지막의 모습이 무엇이 될 것인지 우선 묻고 싶습니다. 그리고 남의 설교집에 있는 설교를 가지고 설교단에 서는 것이 잘못된 것인지를 묻고 싶습니다.

A. 매우 중요한 질문을 하셨습니다. 주신 질문의 내용은 한국교회 설교자들이 안고 있는 문제 중에 가장 심각한 문제이며, 위기 요소의 으뜸가는 문제입니다. 우선적으로 말씀드리면 남의 설교를 읽는 것 자체는 조금도 잘못이 없습니다. 많이 읽어야 합니다. 나의 은사님은 저를 교육시키실 때 역사적인 설교자들의 설교를 매주 다섯 편 이상씩 읽고 평가하는 훈련을 시키셨습니다. 소설가가 되고 싶은 사람이 수백 수천 권의 남의 소설을 읽는 것은 너무나 당연합니다. 그러나 그 지망생이 소설가가 되어 자신이 집필한 소설에서 남의 소설의 문장을 그대로 복사했을 때는 문제가 심각해집니다. 그는 표절죄로 법적인 처분을 받아야 합니다.

문제는 여기에 있습니다. 소설가는 남의 소설을 자기가 쓴 것인양 한 문장이라도 그대로 가져오면 표절로 벌을 받는데, 우리 설교자들은 남의 설교를, 그것도 전체를 그대로 복사하여 단에 오르는 데도 그것을 당연시하는 경향이 많습니다. 우리 설교자들은 조심해야 합니다. 설교를 듣는 오늘의 회중이 사는 환경과 교육 수준이 예전과는 크게 다릅니다. 목사보다 더 많은 다양한 지식을 가지고 인터넷을 통하여 원하는 대로 많은 설교자들의 설교를 시간과 공간을 초월하여 듣게 됩니다. 이러한 지적인 수준과 환경의 변화 때문에 최근에 여러 교회에서 남의 설교를 자신의 설교처럼 사용하다가 문제가 된 불행한 사건들이 발생하고 있습니다.

설교자가 남의 설교를 자신의 설교인양 즐겨 사용할 때 찾아오는 다음 몇 가지의 결과에 깊은 관심을 기울여야 합니다.

먼저는, 이때에 발생하는 문제의 성격은 단순한 설교의 복사로 끝나지 않습니다. 설교의 도용으로 지적됨과 동시에 가장 중요한 설교자의 양심에 초점을 두고 회중은 분노합니다. 비양심적인 설교자의 설교를 더 이상 듣는 것을 원하지 않을 것입니다. 이러한 문제가 야기될 때 설교자는 그 어떤 변명도 할 길이 없습니다.

둘째는, 목사가 자신의 가장 중요한 사명인 설교를 위하여 시간을 바치지 않고 사는 삶의 양태에 의심을 갖게 됩니다. 교인들은 자신들이 생업을 위하여 땀 흘려 살아가면서 교회를 섬기는데, 목사는 설교를 위하여 아무런 준비와 열정이 없이 설교단에 오르는 것에 심각한 거부감을 갖게 됩니다.

셋째로, 남의 설교를 복사해서 그대로 가지고 설교단에 섰을 때, 설교자의 음성은 우렁차게 울려 나오지만 생명력이 없습니다. 그 이유는 설교란 만나와 같기 때문입니다. 활자화 되어 발표된 설교는 이미 어느 설교자가 하나님 앞에서 받아 자신의 교인들에게 먹인 바 있는 메시지입니다. 아무리 그 내용이 훌륭하더라도 결코 신선한 만나가 될 수 없습니다. 그것은 누가 어디서 누구에게 설교를 한 기록일 뿐입니다.

끝으로, 가장 큰 문제는 자신의 설교 능력이 급속도로 퇴화된다는 문제입니다. 비록 자신의 설교가 빈약하고 만족스럽지 못해도 설교는 자신의 능력에 의하여 작성되고 진행되어야 합니다. 우선 손쉽게 한 주일의 설교를 갖추기 위하여 자신의 눈에 들어온 남의 설교를 그대로 가지고 설교단에 오르는 행위가 계속될 때, 자신도 모르는 사이에 자신의 능력 개발은 자취를 감추게 됩니다. 그리고 진화가 아닌 퇴화의 길을 걷는다는 사실을 알아야 합니다.

질문하신 분에게 간절한 부탁이 있습니다. 부디 지금이라도 습관화되어 있는 설교의 도용에서 손을 떼기를 부탁합니다. 그것은 분명 선악과입니다. 보기도 좋고, 먹기도 좋고, 따먹기도 쉬운 선악과입니다. 그 선악과를 생각 없이 계속 먹을 때, 설교자는 구제불능의 경지에서 눈물을 흘리게 됩니다.

매우 충격적인 지적입니다. 그동안 설교집에 의존하여 그 많은 설교를 해결해 왔던 설교자들에게는 매우 착잡한 심정을 안겨주는 답변이라고 여겨집니다. 주신 답변에 이의를 달고 싶은 생각은 없습니다. 오직 내 스스로 하나님으로부터 메시지를 받아 전해야겠다는 생각을 더 하게 됩니다.

그런데 주신 답변에서는 설교자는 역사적인 설교가들의 설교집 외에는 남의 설교집을 절대로 보거나 참고해서는 안 된다는 의미를 담고 있습니다. 거의 매주일 수많은 설교자들이 설교집을 펴내고 저의 경우에는 많은 이들이 보내주기도 하기에 어쩔 수 없이 그 책을 펴보게 되고, 펴다보면 순간적으로 유혹을 받게 됩니다. 그리고 그 설교집에서 오늘의 현실을 잘 진단하고 대안을 제시하고 있다고 판단될 때는 손쉽게 눈에 띄는 설교를 복사하게 됩니다. 말씀대로라면 그 선악과들은 보지도 말고, 만지지도 말고, 쓰레기통에 버려야 한다는 말씀인지 묻고 싶습니다.

A. 매우 현실적인 질문입니다. 저는 남의 설교집을 보지 말라는 말이 아닙니다. 평소에는 부지런히 독서의 차원에서 좋은 설교들을 읽으실 것을 오히려 권하는 입장입니다. 그때는 목적이 분명하게 달라야 합니다. 자신이 읽고 있는 설교를 자신이 재활용하겠다는 마음을 가지고 읽을 때 그 설교는 선악과로 변합니다. 그러나 주어진 본문을 가지고 그 설교자가 어떻게 해석을 했으며, 적용의 방법이 효율적인지를 살펴보는 데 목적을 두어야 합니다. 우리가 설교를 준비하면서 많은 주석을 보는 것도 그러한 이유 때문입니다. 그리고 그 설교를 진행하는 동안 사용된 예화나 기타의 자료들을 보면서 유용한 것을 자신의 설교 자료집에 메모해 두는 목적을 가지고 설교를 읽을 수 있다면 매우 유익한 독서가 됩니다. 설교자가 이러한 맑은 양심을 가지고 남의 설교를 읽게 된다면, 좀처럼 시험에 들지 않고 오히려 설교의 발전을 가져올 수 있다고 봅니다.

대화의 함축된 의미들

오늘도 설교자 앞에 앉아 설교를 경청하는 회중은 자신들의 설교자만은 신선한 메시지를 전해 주기를 기대한다. 그러나 한국교회의 교인들의 요구는 이중적이다. 좋은 설교를 원하면서 또한 자신들과의 친밀한 관계를 원한다. 이 둘은 다 절대적으로 시간이 필요한 일들이다. 한 사람의 능력과 시간은 한정되어 있다. 그렇다면 어느 하나는 시간을 줄여야 한다는 결론이 나온다. 이때 목회에서 더 중요한 것이 무엇인지를 목회자 자신이 설정해야 한다. 설교는 잘하는데 교인들과의 관계를 잘 못 맺어도 문제지만, 관계가 좋아도 설교를 듣고 은혜를 못 받으면 역시 관계에도 문제가 오게 된다는 점을 감안해야 한다. 성도의 삶에 있어서 중요한 것은 목회자와의 관계보다 하나님과의 관계가 더 중요하다. 목회자는 설교를 통해서 말씀으로 하나님을 더 잘 만날 수 있도록 해야 한다. 영적인 충족이 되면 다른 것에 다소 불만이 있더라도 만족하게 된다. 심방이나 기타 행사로 교인과의 친밀한 관계 형성도 중요하지만, 이제 좀 더 효율적으로 관계를 형성해 나가는 목회 형태가 개발되어야 한다고 본다. 두 마리 토끼를 다 잡을 수 없다면, 우선순위를 설교와 설교 준비에 두는 것이 옳다. 설교자가 늘 영감이 넘치는 설교를 하려면, 설교를 준비하는 시간을 그만큼 많이 확보해야 한다. 나아가 설교를 준비하는 시간은 단순히 양적인 것만이 아니라 설교자가 하나님 앞에 있는 질적인 시간을 위한 것임도 명심해야 한다. 요즘은 교인들의 의식도 변하고 있다. 자신들의 가정을 방문하는 시간보다는 자신들의 목사가 서재에서 설교 준비에 전념하기를 원한다. 그래서 그들은 목회자의 시간이 자신들을 위한 설교와 직결됨을 알고 소중하게 생각한다. 그러한 까닭에 목사가 설교 준비는 뒤로 하고 동분서주하는 모습에는 거의 거부감을 느끼게 된다.

더 나아가 설교자가 땀 흘려 설교를 준비하지 않고 남의 설교를 그대로 복사하여 단에 올라가 외칠 때, 교인들은 깊은 실망에 빠진다. 만에 하나 '설교의 도용'이라고 회중이 판단을 내릴 때는 설교 사역뿐만 아니라 목회 자체에 불신의 폭이 깊어진다. 비록 다음 주의 설교를 자신이 직접 작성했

을지라도 이미 회중은 남의 설교를 도용하고 있다는 선입견을 가지게 되고
그 설교 앞에서 외면적으로는 고개를 숙일지라도 진정한 말씀의 청종은 보
이지 않게 된다. 존경심보다는 멸시의 대상으로 설교자를 보게 된다. 이러
한 현상은 한국교회 설교 사역에서 보여서는 안 될 위험한 요소임에 틀림
이 없다.

설교의
기본 유형의 이해

11 설교의 기본 유형의 이해

Q. 저는 1970년대 후반에 신학교육을 받고 목회에 전념하고 있는 목사로서 설교에 대한 깊은 애정과 관심을 가지고 오늘에 임하고 있습니다. 그러나 때로는 설교에 대한 이론적인 바탕의 부족을 느낄 때가 많습니다. 그 이유는 제가 신학교육을 받던 시절에는 설교의 작성에 대한 구체적인 교육이 없었기 때문입니다. 그러나 나름대로 큰 실수를 범하지 않고 오늘에 이르고 있습니다.

최근에 이르러 설교의 다양한 형태들을 말하고 있는데, 여기에 우선적으로 의문이 가는 것은 설교마다 일정한 형식이나 형태를 갖추어야 하는가에 대한 문제입니다. 설교가 아무런 형식에 구애받지 않고 자유롭게 하나님의 말씀을 경청하고, 그 말씀을 함께 음미하며 거기서 깨달은 바를 우리의 실생활에 적용하면 될 터인데 굳이 일정한 형태를 갖추어야 하는지 묻고 싶습니다.

A. 질문하신 분에게 우선 치하의 말씀을 드립니다. 설교에 대한 이론적인 교육을 이수하지 않고서도 오늘의 강단을 실수 없이 지켜 나가심은 참으로 훌륭한 기록이라는 찬사를 먼저 보냅니다.

그렇습니다. 성실하게 그날의 본문을 터득하고, 그 말씀이 내포하고 있는 메시지를 잘 발굴하여 섬기는 회중의 삶에 효과적으로 적용할 수 있다면, 설교로서의 가장 기본적인 수칙을 잘 수행하고 있는 것이라고 말씀드립니다.

그러나 설교의 기본 유형과 그 전개 형태를 이론적으로 정확히 알고 그것을 설교에 응용하신다면, 준비한 메시지는 훨씬 더 큰 효과를 거둘 수 있습니다. 인간 사회는 언어라는 특별한 매체를 통하여 커뮤니케이션을 이룩하고 있습니다. 인류의 문화를 개발하는 데 선두에 선 나라들은 그 언어를 효과적으로 사용하기 위한 연구가 활발하였습니다. 예를 들면 5세기의 그리스와 같은 나라에서는 듣는 사람들을 보다 신속하고 정확하게 설득시키기 위한 언어의 전개 연구가 활발하였습니다. 그것은 곧 수사학이라는 학문으로 한 시대를 장식하기도 했습니다. 우리가 말하는 논리라는 도구를 사용하지 못하는 설교자들은 중언부언의 수준을 넘기지 못하는 경우를 흔히 보게 됩니다. 인간들의 언어문화가 발달하고 사고의 수준이 높아 갈수록 언어의 질서와 효과적인 논리의 전개를 요구하게 됩니다. 특별히 주일에 행하는 설교는 30분 이내라는 시간적인 제약을 받고 있습니다. 주어진 시간 안에 그날의 본문에서 주어진 메시지를 효율적으로 전하기 위해서는 설교의 전개에 깊은 관심을 가져야 합니다. 거기에 더하여 설교자들이 인식해야 할 것은 지적인 수준이 낮은 세계에서는 이러한 논리적인 언어전개에 대한 요구가 아주 미약하다는 점입니다. 그러나 현대의 발달된 문화 속에서 살아가는 지성인들은 설교자의 탁월한 논리의 전개와 형태에 깊은 관심을 기울이고 있습니다. 그들이 바라는 수준에 설교자가 미치지 못할 때는 지체함이 없이 그 설교를 거부하고 떠나버리는 사례를 흔히 볼 수 있습니다. 이러한 이유 때문에 설교자는 최소한의 기본적인 설교의 형태를 익히고 그 형태를 응용하는 훈련을 쌓아야 합니다.

Q. 말씀을 듣고 보니 설교의 형태나 형식을 무시하였던 저의 생각에 모순이 많았다는 생각을 갖게 됩니다. 종종 보게 되는 설교에 관한 책을 보면 설교의 형태에 관한 많은 주장을 하는데 매우 혼동이 됩니다. 설교학 책마다 각각 다른 말을 하고 있음을 봅니다. 좀 더 간결하게 설교의 형태를 간추릴 수 있는지요?

A. 그렇습니다. 설교의 유형을 설교학 교수들마다 달리 이야기합니다. 우리 설교자들이 종합적으로 이것을 이해하고 난 다음에 구체적으로 자신이 원하는 형태를 깊이 연구하고 사용함이 적절합니다.

설교의 분류와 그 형태는 다음과 같이 기본적으로 정리하셨으면 합니다.

먼저는, 설교의 기본 유형에는 오직 세 가지가 있을 뿐입니다. 그것은 본문 설교, 주제 설교, 강해 설교입니다.

둘째는, 이 기본 유형 중에 하나를 택하여 설교를 전개해 나갈 때 필요한 형태들입니다. 이 전개 형태는 현재까지는 8가지로 분류되는데, 그것들은 대지 설교, 상관 설교, 분석 설교, 서사체 설교, 예화 설교, 인물 설교, 대화 설교, 독백 설교 등입니다.

Q. 제시하신 유형과 전개 형태를 보면 저희들이 매우 단편적으로 이해하여 왔음을 깨닫게 됩니다. 그런데 나열해 주신 항목만을 가지고서는 설교의 유형과 그 전개 형태를 이해하는 데 부족함을 느낍니다. 좀 더 구체적으로 설명을 첨가하여 주신다면 그 형태들을 이해하는 데 도움이 되겠습니다. 먼저, 설교의 기본 유형인 본문 설교와 주제 설교와 강해 설교에 대한 설명을 듣고 싶습니다. 그중 본문 설교의 성격과 그 효과를 언급해 주셨으면 합니다.

A. 그렇습니다. 각 유형의 이름만 가지고서는 그 내용을 정확하게 파악하기 힘듭니다. 먼저, 본문 설교에 대한 이해입니다. 여기서 먼저 이해를 해야 할 부분이 있는데 모든 설교가 본문을 떠나서는 설교로서 성립이 안 된다는 전제를 가지고 있어야 합니다. 본문 설교는 일반적으로 본문의 길이를 3~4절 이내로 짧게 합니다. 그리고 설교의 주제와 주안점(대지)들이 모두 본문에서만 나오게 합니다. 그러면서 설교자와 회중이 모든 시각을 본문 안에 머물도록 합니다. 그리하여 본문이 안고 있는 핵심적인 메시지와 만남을 가져오게 합니다. 그렇기 때문에 본문의 정황(context)과 중심된 단어들의 철저한 석의를 진행하여 본문의 깊은 뜻을 정확하게 전달하는 일에 집중합니다.

이상과 같은 노력을 기울이는 본문 설교를 자주하게 되면, 자연적으로 설교자가 본문의 연구에 흥미를 갖게 됩니다. 그리고 설교자의 개인적인 사상과 경험을 비롯한 잡다한 언어의 남발이 들어올 틈이 없게 됩니다. 이러한 결과로 자연적으로 회중이 성경의 진리에 깊이 접근하게 합니다.

그러나 본문 설교가 장점만을 갖는 것은 아닙니다. 거기에도 설교자가 특별히 유의해야 할 부분들이 있습니다. 그것은 설교자가 자신의 취향과 지식의 정도에 따라 본문을 정하기에 통일성 있는 말씀의 전달이 아니라 단편적인 부분에 늘 머무는 오류를 남길 여지가 있는 점입니다. 이 과정에서 본문의 봉사자가 아니라 자신의 지식과 판단의 합리화를 위하여 본문을 도구화하는 경우가 많이 있습니다. 이러한 점은 본문 설교만을 고집하는 사람들이 빠지지 쉬운 함정입니다.

◈

Q. 본문 설교의 내용과 그 장단점을 알게 되어 참으로 다행으로 생각합니다. 다음으로 설교의 기본 유형으로 정의하신 주제 설교에 대하여 알고 싶습니다. 많은 설교자들이 주제 설교를 선호하고 있는 것으로 알고 있습니다. 그러나 막상 주제 설교의 성격과 장·단점을 충분히 이해하고 못하고 있는 실정입니다.

A. 주제 설교는 한때 제목 설교로 잘못 일컬어지기도 했습니다. 그것은 주제(Topic; Theme)와 제목(Title)과 혼돈하여 번역을 하였기 때문입니다. 이 설교는 삶의 현장에서 발견한 주제를 선택하고, 거기에 맞는 본문을 선택하거나, 본문을 읽다가 주제를 선정하는 방법을 찾습니다. 본 설교는 일반적인 설교자들이 가장 많이 사용하는 설교의 유형입니다. 이 설교가 지켜야 할 기본 원칙은 다음과 같습니다. 무엇보다도 주제가 설교자의 사고나 회중의 삶의 장에서 왔다 하더라도, 그 주제를 제어(control)할 수 있는 본문이 반드시 있어야 합니다. 자칫 설교자의 주관적 판단과 사

상을 열거하면서, 그것이 마치 하나님의 말씀인 것처럼 오류를 범하지 않아야 합니다. 뿐만 아니라 주제를 풀어나가기 위한 방편으로 본문을 사용하거나, 자신의 말을 합리화시키기 위하여 본문을 징검다리로 사용하는 오류를 범해서는 안 됩니다.

Q. 설교의 기본 유형으로서 본문 설교와 주제 설교에 대해 간결하면서도 효과적인 설명을 해주심에 진심으로 감사합니다. 아쉬운 부분은 실례를 들어가면서 좀 더 자세한 공부를 함께하지 못하는 점입니다. 언제인가 기회가 주어지는 대로 함께 워크숍을 하면서 설교를 공부하였으면 합니다. 이제 우리 한국교회의 강단에서 가장 많이 말하고 있는 강해 설교에 대하여 듣고 싶습니다. 좀 더 구체적으로 강해 설교를 설명해 주시고, 그 설교가 가지고 있는 장점과 단점을 밝혀주셨으면 합니다.

A. 설교학 교수였던 도날드 밀러는 그의 책, *The Way to Biblical Preaching*에서 "모든 참된 설교는 강해 설교이다. 강해가 아닌 설교는 설교가 아니다."라는 매우 흥미 있는 말을 한 바 있습니다. 좀 더 구체적으로 강해 설교의 특징을 살펴보면 다음과 같습니다.

먼저, 이 설교는 다른 유형의 설교보다 많은 분량의 성경구절을 설교의 본문으로 정하고 구절을 따라 주해를 합니다. 둘째는, 본문 설교처럼 본문이나 정황(context)보다는 오늘의 삶의 장에 주는 메시지를 찾습니다. 셋째는, 무엇보다도 설교자가 본문에 깊이 몰입되어 거기서 보여주는 진리와의 만남을 먼저 이루어야 합니다. 그럴 때 강해 설교는 성경을 통하여 주신 하나님의 말씀과 밀접해 있는 설교로서 정착을 하게 됩니다. 그리고 설교자는 말씀의 운반자의 정체성을 확인하면서 메신저의 역할을 감당하게 됩니다. 환언하면 설교자의 주관적인 사상이나 경험 또는 지식이 설교를 지배하지 않고, 하나님의 말씀이 설교 전체를 구성하게 됩니다.

그러나 강해 설교가 가지고 있는 문제점은 언제나 설교자들을 긴장하게 만드는 면이 있습니다. 먼저, 많은 설교자들이 강해 설교를 행함에 있어서 본문 설교에 버금가는 석의 작업을 펼친 다음에 메시지를 찾아 나서야 하는데, 본문의 내면에 깊숙하게 젖어들지 않고 자의적으로 단순하게 강해를 하는 경우가 많습니다. 둘째로, 어떤 설교자는 본문의 뜻을 잘 풀어주는 데에 시간을 다 소비하고, '지금 여기'(Here and Now)에 말씀을 적용하지 못하는 우를 범하기 쉽습니다. 뿐만 아니라 어떤 설교자는 연속강해라는 이름으로 교회력을 전혀 고려하지 않고 성경을 차례대로 읽고 설교하다가 교회의 중요한 절기와 상치되는 결과를 가져오는 경우도 있습니다. 강해 설교만을 고집하다가 교회가 처해 있는 정치, 경제, 사회와는 무관한 상태로 접어드는 경우가 많다는 문제가 있습니다.

Q. 제시해 주신 설교의 기본 유형들 가운데 어떤 유형의 설교를 따라야 더욱 효과적인 설교를 하게 될 것인지 정확한 판단이 서지 않습니다. 여기에 대한 조언을 듣고 싶습니다.

A. 질문하신 뜻을 저는 충분히 이해합니다. 여기에 대한 대답은 설교자 자신의 능력과 취향에 많은 지배를 받게 됩니다. 어떤 설교

자는 주제 설교를 평생하면서 많은 회중에게 말씀의 감명을 주는가 하면, 순수한 강해 설교로 강단을 지키시는 분들도 있습니다. 그렇기 때문에 어떤 유형의 설교를 하는 것이 절대적이라는 말을 하기는 매우 어렵습니다.

이러한 질문에 대한 대답은 일반적으로 두 갈래로 주어집니다. 하나는, 설교자가 풍부한 지식과 경험, 그리고 남다른 화술을 가지고 있는 경우는 주제 설교를 많이 합니다. 회중이 살고 있는 삶의 자리를 중요하게 생각하고, 그들에게 적절한 주제들을 골라 거기에 맞는 성경을 본문으로 삼고, 주로 종교수필처럼 들려주는 경우를 많이 봅니다. 이러한 설교에 호감을 갖는 사람들은 여기에 매우 많이 호응을 합니다. 이에 반하여 어떤 설교자는 순수하게 말씀만을 가지고 풀어주고, 그 말씀에서 주어진 메시지를 들려주는 데에만 평생을 보내는 설교자가 있습니다. 현장 감각이 결여된 설교이지만, 회중은 하나님의 말씀을 직선적으로 듣는 기쁨에 젖어 자리를 떠나지 않는 교회를 봅니다.

저의 생각은 어느 형태를 고집스럽게 채택하는가의 문제보다는, 설교자가 위에 제시된 세 가지 형태의 설교를 모두 수용하고 시간과 환경에 따라 활용할 수 있어야 한다고 봅니다. 환언하면 설교의 다양성입니다. 그러나 자신의 설교의 특성을 뚜렷하게 고집하고 싶은 설교자는 한 가지의 유형을 가지고 성실하게 설교하는 것도 무방하리라 봅니다. 단, 어떤 경우에라도 봉독한 본문에 대한 철저한 석의를 하여 하나님이 그 말씀에 내포한 의미를 정확히 살피고 이해하는 일만은 게을리하지 말아달라는 부탁을 하고 싶습니다.

대화의 함축된 의미들

시대의 변천과 함께 인간 언어도 발달한다. 그 언어의 발달은 새로운 단어의 창작이 아니라 질서정연한 논리의 발달을 의미한다. 지적인 수준이 낮은 세계에서는 논리의 체계가 지극히 빈약하고, 지적인 수준이 높은 곳에서는 논리의 수준이 대단히 높다. 설교를 듣는 회중의 지적인 수준 역시 상당한 오늘이다. 이러한 언어와 논리의 발달에 설교자의 질서 있는 논리는 매우 필요하다.

그러한 까닭에 설교자는 설교의 기본 유형에 대해 이해하고 있어야 한다. 그리고 이 기본 유형에 최대한 정통하고 수용할 수 있는 능력을 개발해야 한다. 이것은 하나님의 말씀이 바르게, 그리고 효과 있게 전해지는 데에 유용한 도구들이다. 이러한 도구들을 갖추지 못한 설교자들은 자칫 하나님의 말씀이 전해져야 할 시점에서 지극히 비능률적인 처지에 임하게 된다. 언어의 전개는 곧 하나님이 주신 소중한 선물이다.

8가지로 분류되는
설교의 형태

12 8가지로 분류되는 설교의 형태

Q. 지난 번 대담에서 설교의 기본 형태에 대해서 세 가지를 말씀해 주셨습니다. 기본 유형으로 본문 설교가 있고, 주제 설교, 강해 설교가 있다고 알려주시고, 그 장·단점을 각각 말씀해 주셔서 정말 유익했습니다. 그런데 이 유형이 전부가 아니라 이것을 기본으로 전개할 때 대체적으로 8가지 방향으로 전개되는데, 그 첫 번째가 대지 설교라고 말씀하셨습니다. 이 대지 설교의 내용과 기본 형태에 대해 알고 싶습니다.

A. 대지 설교와 분석 설교를 연관해서 말씀드리고 싶은데요. 대지 설교하면 무조건 세 가지 대지만으로 이루어지지 않습니다. 대지 설교에도 앞에 꼭 있어야 할 부분이 있는데, 바로 서론입니다. 그 다음에 본문의 정황을 알려주는 본문 접근이 있어야 합니다. 많은 분들이 서론에서부터 그날의 본문을 언급하시는데, 그것보다 서론에서는 본 설교에 진입만을 도와주어야 합니다. 그리고 본문 접근에서 본문에 대한 배경과 성경 안

에서의 의미 등에 대해 풀어주어야 합니다. 그 다음의 단계는 주제의 부상입니다. 여기서는 주제에 대한 암시를 여러 차례 문장으로 풀어 언급해서 주제에 대해 청중이 자연스럽게 알게 함이 좋습니다.

대지 설교에는 메시지의 주안점인 대지가 나오는데, 이것은 봉독한 본문에서 나오게 됩니다. 그런데 흔히들 자신의 생각을 주안점으로 가져옵니다. 대지 설교에서 자신의 생각이 아닌 하나님의 말씀을 드러내는 것이 정상입니다. 그 방법은 다음과 같은 형태가 바람직하겠습니다. 고린도전서 13장을 본문으로 하고 사랑을 주제로 하여 설교를 할 때, "첫째, 사랑은 온유해야 합니다. 둘째, 사랑은 오래 참아야 합니다."라는 식으로 전개한다고 하면, 그것은 말씀의 주인이 하나님이 아니라 사랑이 어떠해야 한다는 설교자 자신의 생각과 주장이 되어 버리는 결과를 초래합니다. 문제는 말씀의 주인이 성 삼위일체 되시는 하나님이 되어야 한다는 점입니다.

"하나님은 오늘의 말씀을 통하여서 사랑은 온유해야 한다고 가르쳐 주십니다." 이렇게 말씀이 하나님으로부터 나왔음을 주안점에서부터 밝혀야 합니다. 이 차이를 강조하는 데 많은 분들이 쉽게 표현하지 못합니다. 설교자들이 하나님을 주어로 삼는 주안점(대지)의 표현에 부단히 노력하고 수정해야 하겠습니다.

그런데 본문 설교의 형태에서 "사랑은 온유하며……."라고 선포할 때, 그 말씀이 있는 본문의 장절을 밝혀야 합니다. 해석의 단계로써 '온유'라고 하는 단어의 뜻을 충실히 연구하여 그 뜻을 충분히 해석해서 밝혀 주어야 합니다. 그 다음으로 필수적인 부분은 이 말씀이 오늘의 현장에서 필요한 부분이 어디인지 밝히는 '적용'입니다. 즉, 대지에서 제시된 말씀의 현장화입니다.

이러한 과정을 대지마다 거치게 되면 '대지', 곧 주안점마다 '선포'와 '해석'과 '적용'이 있게 됩니다. 이러한 과정은 대지마다 이어져야 합니다. 그러나 이때 주의할 것은 "하나님이 …… 말씀하십니다."와 같은 형태를 반복하기보다 "…… 알려주십니다.", "…… 명령하십니다." 등과 같이 단조롭지 않은 형태를 취함이 좋습니다.

한 가지 더 명심하셔야 할 사항은 마지막 주안점은 반드시 좋은 소식(good news)을 내용으로 해야 한다는 점입니다. 설교 중 주안점에서 '좋은 소식'이 없게 된다면, 결국 그 설교는 질책이나 경고의 성격만을 취하게 됩니다. 설교는 복된 소식을 수반해야 합니다. 그래서 대지 설교의 경우 마지막 대지는 결국 "하나님께서는 말씀에 따라 이런 삶을 실천한 사람에게 이런 복을 주신다."와 같은 좋은 소식으로 마무리하고 결론으로 이끄심이 좋습니다.

⁕

Q. 말씀을 듣고 보니 주제 설교를 하면서도 본문의 접근, 본문의 재경청, 주제 부상 등은 전혀 생각지도 못했던 말씀입니다. 교수님께서는 8가지 전개 형태 중 분석 설교에 대해 가장 많이 강조하신 것으로 알고 있습니다. 그렇다면 이제 대지 설교와 분석 설교를 비교하시면서 더욱 구체적으로 말씀해 주시면 감사하겠습니다.

A. 분석 설교는 대지 설교에서 한 발자국 더 발전되어 논리의 전개를 훨씬 더 도입한 형태를 취합니다. 지적인 수준이 높아 분석을 좋아하는 현대인에게 특별히 적합한 형태입니다. 분석 설교를 대지 설교와 비교해 보면 일단 앞부분은 같습니다. 서론, 본문의 접근, 주제의 부상 등과

같은 앞부분은 동일합니다. 분석 설교는 여기에 주안점(대지)이 등장하기 전에 두 단계가 더 붙는데, 두 가지 중 한 가지는 '주제의 정의'입니다. 예를 들면, 오늘 설교가 사랑이 주제라면 그 주제에 대한 정의를 밝히는 일입니다. 여기서 유의해야 할 것은 "사랑은 이런 것입니다."라는 단순한 형태를 취하는 정의를 말하는 것이 아닙니다.

주제의 정의가 "사랑은 ……이 아닙니다. ……도 아닙니다. 그렇다고 ……도 아닙니다."와 같이 부정, 부정, 부정의 형태를 먼저 취합니다. 이 부정의 과정에서 회중은 그 정의에 호기심을 가지고 접근합니다. 이렇게 설교자가 부정을 세 번하면, 자연스럽게 듣는 이들은 그러면 사랑이 무엇인가 하고 의문을 갖게 됩니다. 그런 질문에 대해 설교자는 "사전에서는 이렇게 이야기하고, 유명한 신학자 누구는 이런 것이 사랑이라고 이야기하지만, 하나님은 오늘의 본문 속에서 사랑은 이런 것이라고 말씀하십니다."라고 주제의 정의를 알려줍니다. 그러나 유의해야 할 것은 설교자가 전하고자 하는 주제의 정의가 본문을 통해 훨씬 뚜렷하게 드러나는 형태를 취해야 합니다. 이 과정을 거칠 때에 듣는 이들의 마음속에 메시지가 보다 깊게 자리를 잡게 됩니다.

분석 설교는 주제의 정의 다음 단계로 "왜 이 사랑이 오늘 필요한가?"라는 '주제의 필요성'을 도입합니다. 즉, 사랑이 없어서 문제가 발생한 사례를 보여줍니다. 이것을 통해 듣는 이들에게 이래서 사랑이 필요하구나 하는 사랑에 대한 동기를 유발하게 됩니다. 그 다음은 대지 설교의 형태와 유사하게 됩니다.

한편 적용에 있어서 일반적인 적용을 뛰어넘어 두 가지를 유의해야 하는데, 현장을 분석할 때는 설교자의 관점에서 분석하지만, 그 현장에 요청되는 메시지는 하나님의 말씀으로 해야 합니다. 설교자가 성경에 근거해서 하는 말일지라도 주어를 성삼위로 하였을 때, 훨씬 더 무게 있는 메시지가 됩니다.

마지막으로 모든 주안점을 거친 후 주제 실천의 결과를 제시합니다. 여기서는 긍정적인 사례를 들려줌으로써 밝은 희망을 보여줍니다. 주제의 필요성에서 부정적인 사례를 통해 동기를 유발했다면, 여기서는 긍정적인 사례를 통해 삶의 실천으로 이어지도록 이끌어야 합니다. 주안점에서 제시한 하나님의 말씀으로 살게 되면 그 결과가 어떤 긍정적인 모습에 이를 것인지 기대를 갖게 해야 합니다. 이것이 분석 설교의 구성과 특징입니다.

Q. 설교의 형태 가운데 상관 설교에 대해서 알려주셨으면 합니다. 상관 설교는 어떤 형태인지, 또 강해 설교와 어떤 관련이 있는지 가르쳐 주시면 고맙겠습니다.

A. 상관 설교는 매우 간편한 전개 형태입니다. 'Then-Now'의 논리를 도입합니다. 이것은 그때의 이야기를 하고 난 다음에 이어서 오늘의 이야기로 적용한다는 의미입니다. 강해 설교에서 많이 쓸 수 있습니다. 물론 대지 설교나 분석 설교도 강해 설교와 관계를 가질 수 있지만, 대체적으로 대지나 분석 설교는 본문 설교 또는 주제 설교와 더욱 연관이 있다고 하겠습니다. 상관 설교는 주로 강해 설교와 연관이 있습니다.

먼저 하나님께서 요나를 부르시고 사명을 부여하셨는데, 요나의 불순종에 관한 말씀을 본문으로 하는 예를 들어 봅니다.

Then - 하나님은 니느웨성에서 복음을 전하라는 사명을 요나에게 주셨
　　　습니다.
Now - 지금도 하나님은 모든 그리스도인들에게 사명을 부여하십니다.
Then - 요나는 육적인 조건과 판단에 의하여 니느웨성의 정반대의 방
　　　향인 다시스로 도피하면서 하나님의 말씀을 불순종했습니다.
Now - 지금도 많은 사람들이 하나님이 주신 사명을 자신의 삶의 조건
　　　을 핑계 삼아 불순종합니다.

이상과 같이 본문에 나타난 사실을 전달한 후에 지금에 그 내용을 바로 적용하는 형태입니다. 상관 설교는 설교 중에 이와 같은 '그때와 지금'을 대비시켜서 극명하게 드러내는 유형을 계속해서 이어가며 설교에 사용하는 방법론입니다. 크게 부담이 되지 않고 쉽게 이어나갈 수 있는 설교의 전개 형태입니다.

Q. 이야기체 설교도 많이 논의되고 있는데, 이것도 전개 형태 중의 하나인지요? 그리고 직접 저술하신 책,『한국교회의 설교학 개론』에서 보니까 '서사체 설교'라는 이름 아래 '설화체'와 '이야기체 설교'를 분류해 놓으신 것을 보았는데 상세하게 설명해 주시기 바랍니다.

A. 북미에서 활발하게 전개된 방법론 중에 narrative preaching과 storytelling preaching 등이 있는데, 이것이 우리나라에 소개될 때 설화체, 혹은 이야기체 설교라 하며 정리되지 않은 개념으로 혼용이 되

어 용어상 혼란을 가져오고 있습니다. 졸저인 설교학 교과서『한국교회의 설교학 개론』에서 이 설교 방법론을 분류했습니다. 스토리텔링(이야기체 설교)과 내러티브 프리칭(설화체 설교)의 두 가지를 '서사체 설교'라는 이름 밑에 집어넣었습니다.

이 설교들은 '탕자의 비유'와 같이 근본적으로 하나의 이야기체로 이루어진 본문이나 이야기 전개가 가능한 인물 또는 주제를 대상으로 전개하는 설교 형태입니다. 이 설교들의 특징은 먼저, 이야기를 듣는 회중이 말씀의 체험이 가능하도록 합니다. 둘째는, 이야기의 전개가 움직임이 있도록 합니다. 셋째는, 결론은 유보되었다가 마지막 부분에서 "아하!"의 탄성이 나오게 합니다. 넷째로, 때로는 이 설교들은 성경의 내용만이 아니라 사람의 다양한 경험을 중요시합니다.

두 설교 형태를 다시 요약하면, 설화체 설교는 모순점(conflict), 갈등의 심화(complication), 문제의 해결을 제시하는 전환(conversion), 그리고 확인(confirmation)의 단계를 거칩니다. 이야기체 설교는 어떤 틀에 얽매이지 않고 설교자의 창조성을 십분 활용하여 본문의 내용을 중심으로 장면을 구성하여 전달합니다. 그 대표적인 예로 프레드 크래독(Fred B. Craddock) 같은 교수는 본문 하나로 삶의 장에서 이야기를 엮어가기도 합니다.

이때 한 가지 강조하고 싶은 부분은 '그림어'라고 부를 수 있는 표현의 문제입니다. 탕자의 비유를 깊게 묵상하며 몰입하게 되면 모종의 메시지를 얻게 되고, 그 메시지를 마음속의 그림으로 그릴 수 있게 전할 때에 듣는 이의 마음이 움직이게 됩니다. 이때 나오는 그림은 아주 아름답습니다. 탕자와 아버지의 상봉도 이야기에 스스로 몰입해 그림을 그려주어 전하면, 교인들이 많이 알던 이야기임에도 불구하고 새롭게 전해지게 됩니다. 상상력과 문학적인 표현이 대단히 중요합니다.

Q. 이 외에도 교수님께서 예화 설교, 인물 설교, 대화 설교, 독백 설교 등에 대해서도 언급을 하시는데 이 부분에 대해서도 설명해 주시면 큰 도움이 되겠습니다.

A. 예화 설교는 학생들에게 크게 권하지 않는데, 지금은 예화의 많은 사용이 바람직하지 않기 때문입니다. 메시지보다 회중의 호감을 불러일으키는 예화에다 본문의 메시지를 실은 설교입니다.

인물 설교는 한 인물을 선정해 그 인물의 특성, 행적 등을 집중적으로 설교의 소재로 삼는 형태인데, 이 경우에도 주의하실 것은 그 인물 자체가 주인공이 아니라 하나님이 주인공으로 등장하게 해야 한다는 점입니다. 그 인물을 통해 우리에게 말씀하시고 역사하시는 하나님의 메시지를 전하는 것이 목적이라 하겠습니다.

대화 설교에 대해서는 두 가지 표현이 있습니다. 한 가지는 dialogical preaching이고, 다른 한 가지는 dialogue preaching입니다. 전자는 '대화적 설교'입니다. 설교를 할 때 대화의 감각으로 구성을 하는 형태를 말합니다. dialogue preaching, 즉 '대화 설교'는 두 사람이 설교를 전개합니다. 한 사람이 본문을 작성한 후 파트너에게 질문을 하게 합니다. 마치 지금 우리가 앉아서 행하는 바로 이 강좌의 형식처럼 한 명은 질문을 하고, 다른 한 명의 설교자는 본격적으로 내용을 전하게 됩니다.

회중이 마음에 품고 있는 질문이 앞에 선 질문자를 통해 던져질 때, 메시지에 대한 집중력이 아주 커집니다. 이런 질문에 대한 답변을 이어갈 때도 똑같이 메시지는 하나님이 주시는 관점에서 풀어나가야 합니다. 하나님이 이 문제에 대해 어떻게 길을 제시하시는지, 우리에게 원하시는 바가 무엇인지가 주제가 되어야 합니다.

독백 설교(monologue preaching)는 매우 독특합니다. 예를 들어 베드로가 주님을 부인한 장면을 본문으로 삼을 때, 설교자 자신이 스스로 그 주인공으로 변하여 등장하게 됩니다. "나는 나약한 사람입니다. 죽어도 주님을 부인하지 않겠다고 했던 약속을 잊어버리고 나만 살겠다고 주님을 부인했습니다.……" 이런 식으로 설교를 이어갑니다.

이렇게 설교 유형에 대해 다양하게 알게 되어 감사를 드립니다. 이제 마지막으로 교수님께서는 여태까지의 이 유형들 중 어떤 방법을 선호하시는지 알려주실 수 있으시겠습니까?

제 개인과 관계되는 질문이군요. 개인적으로는 모든 형태의 설교를 다 좋아합니다. 그러나 그중에서도 제일 좋아하는 설교를 들라면 그림 언어와 풍부한 상상력으로 설교를 이어나가는 서사 설교를 들고 싶습니다. 그러나 노력을 해도 학생들이 가지는 감수성과 문학적인 표현에 미치지는 못하겠지요. 그래서 가장 자주 취하는 전개 형태는 분석 설교입니다. 분석 설교는 제 자신도 나름대로 최선을 다해서 행하고 있고, 몸담고 있는 학교 강단에서도 학생들에게 꼭 익히게 하고 있습니다.

대화의 함축된 의미들

　설교의 전개 형태는 단순한 것이 아니다. 거기에는 다양한 형태가 있음을 알아야 한다. 지난번 대담에서 유형에 따라 본문 설교, 주제 설교와 강해 설교를 기본 형태로 소개하였다. 오늘은 이 세 가지에서 본문의 성격이나 주제에 따라 어떻게 전개할 것인가에 따라 다시 8가지를 추려서 생각해 보았다. 당부의 말씀은 설교의 전개 형태는 설교자들이 모두 다 익숙하게 익혀야 한다는 점이다. 어떤 때에는 분석 설교를, 어떤 때에는 대지 설교를 하면서 다양한 설교의 형태를 보여주어야 한다. 그럴 때에야 교인들은 늘 신선한 감각을 가지고 설교를 경청하게 된다. 한 설교자가 평생의 사역 동안 동일한 형태의 설교만 보여주어서는 곤란하다는 뜻이 포함된다. 현대 교회를 섬기는 설교자들은 설교의 다양성을 이해하는 설교자, 설교의 형태를 자유자재로 구성할 수 있는 설교자가 되어야 한다. 물론 한 설교에서 8가지 요소를 다 내포할 수는 없다. 그러나 설교자는 이 8가지 전개 형태를 이해하고, 수용하며, 활용하는 능력을 키워야 한다.

단계적인
설교의 절차

13 단계적인 설교의 절차

 지난 시간 설교자라는 정체성을 설교를 위하여 소진(消盡)되어야 할 희생 제물로 말씀하셨습니다. 그 말을 들은 저희 설교자로서는 참으로 무거운 책임을 느끼고 있습니다. 세상의 어떤 직업에서도 들어볼 수 없는 말이었습니다. 설교자라는 실존은 하나님의 말씀을 위하여 자신의 삶 자체가 메시지를 받은 도구로서 기능해야 함을 잊지 말아야 한다는 말에 공감보다는 실로 막중한 부담을 갖게 됩니다.

오늘은 설교자가 한 편의 설교를 준비하는 데 바로 착수해야 하는 단계적인 절차를 알고 싶습니다. 우선 본문의 선택이나 석의 작업에 들어가기 전에 최우선적으로 먼저 수행해야 하는 과정이 있다면 그것이 무엇인지를 듣고 싶습니다.

A. 설교는 설교해야 할 본문을 찾고 그 본문을 석의하는 단순한 작업이 아닙니다. 이러한 단순한 지적인 기능을 수행하기 전에 명심

해야 할 가장 보편적이고 기본적인 설교 준비의 원칙이 있습니다. 하나님의 메시지의 경우 설교자의 지적인 기능으로 단순하게 해결될 수 없는 더 높은 차원의 단계가 있다는 것으로 그 단계는 크게 두 가지로 요약할 수 있습니다.

먼저는, 설교는 설교자 단독으로 수행할 수 없다는 원칙을 세워야 합니다. 본문의 선택이나 주제의 설정과 해석의 단계 등의 모든 준비의 절차에는 필연코 성령님이 동행해야 한다는 전제가 있어야 합니다. 설교의 정의에서 이미 보았듯이, 설교는 성령님의 역동적인 역사 아래에서(under dynamic of Holy Spirit) 이루어지는 신성한 사역이기 때문입니다. 많은 설교자들이 설교 준비는 혼자서 끝내고 설교단에 올라가서야 성령님의 도움을 구하고 있는 모습을 봅니다. 그러나 올바른 설교자는 설교 준비의 시작부터 성령님의 도움에 의존함이 정상입니다.

둘째는, 성령님이 편히 내 안에서 역사하시도록 설교자의 내적인 상태를 성결하게 준비하는 일입니다. 다른 말로 표현하면, 설교자라는 도구를 갈고 닦아 청아한 소리가 나도록 해야 합니다. 설교자의 심령이 헝클어져 있는 상태에서는 맑고 힘찬 메시지를 발하기가 심히 어렵습니다. 하나님 앞에 부끄러움 없는 삶을 소유한 설교자들이 언제나 능력 있는 하나님의 말씀을 제대로 선포했다는 사실은 설교의 역사에서 얼마든지 읽을 수 있습니다. 17세 영국의 퓨리턴의 아버지였던 박스터(Richard Boxter)는 설교자의 심령이 상하여 있을 때는 메시지도 혼탁하였고, 회중에게도 아무런 감동을 주지 못하였음을 실토하고 있습니다.

이상의 두 가지의 기본 자세가 잡혀 있는 사람에게는 설교가 막중한 부담이 아니라 무한한 영광으로 이어집니다. 설교하는 기쁨과 행복의 의미를 언제나 음미하게 됩니다. 정결한 내 심령이 준비되어 그 안에 성령님이 함께 계시어 하나님이 주시는 메시지를 발굴하고 정리한다면, 이 얼마나 감격적이고 위대한 사역입니까?

⚜

Q. 말씀하신 이 근본적인 설교 준비의 단계는 마음에 깊이 새기고 설교자로서 인생이 끝날 때까지 간직하도록 노력하겠습니다. 이제 좀 더 구체적으로 한 편의 설교가 나오기까지의 단계를 말씀해 주시면 도움이 되겠습니다.

A. 설교자가 앞에서 언급한 원칙적인 요구를 이행했다면, 그는 다음의 단계에 큰 부담 없이 진입할 수 있습니다. 무엇보다도 설교의 목적을 세우는 일입니다. 자신이 섬기고 있는 회중의 필요가 무엇이며 어느 부분에 영양을 공급받아야 하는지를 생각해야 합니다. 어려운 환경에서 신음하고 있을 때는 목양 설교(Therapeutic Preaching)를 해야 하고, 교리나 그리스도인의 기본적인 삶에 부족함이 많다고 인정되면, 그 부분을 보충하는 가르침의 설교(Didactic Preaching)를 해야 합니다. 십자가의 수난을 통하여 우리를 구원하신 그리스도이신 예수님과의 거리가 보일 때는 선포의 설교(Kerygmatic Preaching)를 해야 하고, 죄악의 파도가 흉흉하고 회중의 삶이 무질서해져서 그리스도인의 본분을 벗어나고 있을 때는 바른 삶을 촉구하는 예언적인 설교(Prophetic Preaching)를 해야 합니다.

이처럼 설교자는 회중을 면밀히 보살피면서 그들의 삶의 상태와 형편을 보며 무슨 목적을 이룩하기 위하여 어떤 방향의 메시지를 들려줄 것인지를 먼저 살피고 확정해야 합니다. 그리고 그 목적에 따라 본문과 주제를 확정지어야 합니다.

주제란 제목과는 차이가 큽니다. 제목은 자신이 완성한 설교의 이름을 말하지만, 주제란 본 설교가 무엇에 관하여 설교할 것인가를 뜻하는 설교의 필수적인 요소입니다.

설교의 기본인 본문과 주제가 확정되었을 때, 설교자는 지체 없이 다음의 단계로 가야 합니다. 바로 그것이 석의의 단계입니다. 제가 가장 강조한 것 중의 하나가 바로 석의 작업입니다. 하나님의 말씀인 본문이 무슨 뜻을 가지고 있는지를 알아내는 것은 설교자의 가장 소중한 임무 중의 하나입니다. 본문의 깊은 뜻을 헤아리지 않고서는 한 발자국도 뗄 수 없는 것이 설교자의 상식으로 되어 있습니다. 말씀의 뜻을 불분명하게 알고 있다면 어떤 경우에도 설교단에 설 수 없습니다. 설교자의 기본 사명은 하나님께서 하신 말씀의 뜻을 알리는 것이기 때문입니다.

Q. 설교자의 길로 접어든 우리들도 하나님의 말씀을 정확하게 해석해야 한다는 것은 기본 상식으로 알고 있습니다. 그러나 설교는 해석만이 전부가 아니라고 생각합니다. 거기에 버금가는 주해와 적용의 단계는 어떻게 생각하시는지요?

A. 옳은 지적입니다. 설교는 단순한 해석만으로 끝날 수 없습니다. 단순한 해석을 목적으로 하는 것은 오히려 성서신학 강의가 설교보다 훨씬 더 가치를 갖게 됩니다. 그래서 본문의 석의 작업 이후에 필연적으로 진입해야 할 단계가 주해와 적용의 단계입니다. 일명 강해라고도 일

컫는 주해는 단순한 지적인 기능으로 이어지는 단계가 아닙니다. 오늘의 본문에서 하나님이 하신 말씀의 뜻을 헤아린 다음에 거기서 깊은 메시지를 찾는 일입니다. 오늘의 시점에서 하나님이 이 말씀을 통하여 무엇을 계시하시며, 무엇을 원하시는지를 찾는 작업입니다. 이 단계에서는 하나님과 깊은 영적인 교류를 이어가면서 신령한 귀를 열고, 메시지를 찾고 받는 과정이 있게 됩니다. 이때 너무 많은 메시지를 받으려는 욕심은 금물입니다. 뚜렷하게 설교자의 심중에 파고드는 서너 개의 메시지를 받아 깊이 명상하고 스스로에게 응용해 보면서 오는 주일 설교를 기다리고 있는 회중과 연관을 짓기 시작합니다.

이러한 과정을 거친 다음에는 바로 적용의 단계에 접어들어야 합니다. 즉, 오늘 새롭게 발견한 메시지가 회중의 삶에 현장화될 수 있는 부분을 생각하고, 거기에 이 메시지를 어떻게 심을 것인가를 깊이 연구해야 합니다. 그러기 위해서는 주어진 메시지가 필요한 회중의 삶의 장을 구체적으로 분석해야 합니다. 뿐만 아니라 쉽게 이해할 수 있는 커뮤니케이션의 방안도 강구해야 합니다. 바로 이 적용의 성공을 위하여 효율적인 예화도 필요하게 됩니다. 스펄전과 같은 설교가는 "적용이 시작될 때 설교가 비로소 시작된다."는 유명한 말을 남긴 적이 있습니다. 다시 말하면 봉독한 하나님의 말씀은 정확하게 해석되어야 하고, 그 해석을 통하여 내가 서 있는 지점에 주신 메시지가 무엇인지를 깊은 영성이 작동하는 가운데 밝혀내야 합니다. 그리고 그 메시지가 회중의 심중에, 그리고 삶의 장에 현장화되도록 그들의 가슴에 심어주어야 합니다.

이러한 석의와 주해와 적용의 작업이 끝났을 때, 설교자가 어떻게 설교의 형태로 정리해야 하는지 궁금합니다.

설교자가 아무리 훌륭한 석의와 주해와 적용의 단계를 거쳤다고 하더라도 그 메시지를 논리적으로 체계화시키지 못한다면, 그 수고의 결실은 매우 적게 나타납니다. 그 메시지를 들어야 하는 회중의 지적인 기능과 영적인 감성을 파고들 수 있는 진리의 커뮤니케이션이 있어야 합니다. 이러한 과정을 위하여 저는 먼저 설교자들이 한 쪽 분량으로 우선 설교의 내용을 작성해 볼 것을 권하고 싶습니다. 이것을 명제적 진술이라고 합니다. 이것은 축약된 설교의 착상이라고 하겠습니다. 그런 다음에 본격적인 전개를 위한 설교의 윤곽(outline)을 설정할 것을 권합니다. 이 설교의 윤곽은 설교의 뼈대라고 해도 좋습니다. 심사숙고해서 다듬어진 윤곽 설정이 끝나면, 이어서 자료의 배열이 있어야 합니다. 그동안 석의, 주해, 적용을 위한 작업 과정에서 적어 놓은 메모와 기타의 자료들을 설정한 윤곽의 틀 가운데 모두 배열합니다. 이 배열은 설교 원고 작성을 위한 직전의 단계이기에 신중을 기해야 합니다.

어떤 설교자들은 설교의 outline과 그 틈새에 배열한 자료가 끝나면 설교 준비가 완료되었다고 하면서 그것을 그대로 들고 설교단에 서는 것을 흔히 보아 왔습니다. 설교의 원고화라는 단계를 반드시 거쳐야 하는지 알고 싶습니다.

A. 그렇습니다. 설교의 원고화는 필수적입니다. 그 이유는 다음의 몇 가지로 요약해 봅니다.

먼저, 설교의 원고화는 회중을 위한 것에 앞서서 설교자 자신을 위한 것입니다. 원고화된 설교가 없이는 설교 전에 자신의 설교를 자신이 먼저 들을 기회가 없습니다. 둘째는, 중언부언하고 무절제한 메시지를 전개하는 것을 막아줍니다. 회중과의 커뮤니케이션을 위한 설교자의 노력이 바로 원고화 작업에서 발생합니다. 셋째는, 정선된 어휘를 사용하게 됨으로 차원 낮은 어휘의 남발이 아니라 듣고 싶은 설교로서 깔끔한 진행을 이어가게 됩니다. 다섯째는, 그 설교를 점검해 볼 수 있게 됩니다. 설교에 있어서 메시지의 주인이 나타날 자리에 설교자가 나타나 가로막고 있는 부분이 어딘지를 찾는 작업을 하게 됩니다. 여섯째, 가장 중요한 것으로 기도를 수반하면서 정리한 설교의 원고인 경우 문장 하나하나가 성령님이 곁에서 도와주셔서 작성하게 된 것임을 경험하게 됩니다. 나 혼자만의 힘으로 설교가 작성되는 것이 아니라, 성령님과 동역하는 설교라는 의미를 체감하는 경험을 하면서 행복한 설교로 결실을 맺는 결과를 가져오게 됩니다. 그렇기 때문에 어떤 경우도 설교는 원고화되어야 합니다.

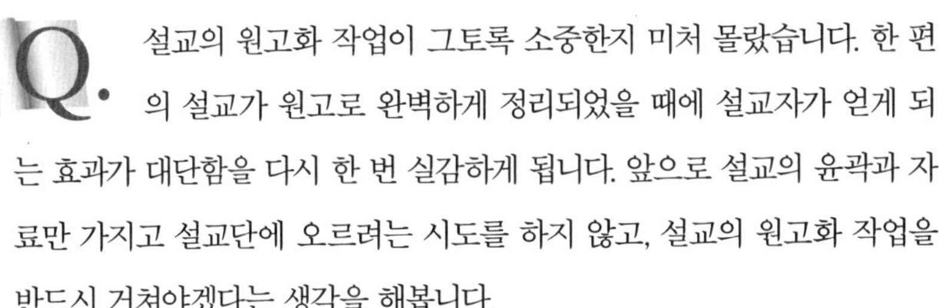

Q. 설교의 원고화 작업이 그토록 소중한지 미처 몰랐습니다. 한 편의 설교가 원고로 완벽하게 정리되었을 때에 설교자가 얻게 되는 효과가 대단함을 다시 한 번 실감하게 됩니다. 앞으로 설교의 윤곽과 자료만 가지고 설교단에 오르려는 시도를 하지 않고, 설교의 원고화 작업을 반드시 거쳐야겠다는 생각을 해봅니다.

그러면 말씀하신 대로 설교가 모두 원고화된 다음에는 완전히 설교 준비가 완료된 것인지요? 아니면 또 다른 절차가 남아 있는 것인지요?

A. 아직도 세 단계가 더 남아 있습니다. 설교자가 원고화 작업을 마치고 휴식을 취한 다음에 바로 이어져야 할 단계는 다음의 세 단계입니다.

먼저는, 말씀의 성육화 작업입니다. 원고를 들고 설교의 실전에 돌입하는 일입니다. 그 실전은 원고의 검토 작업이 아닙니다. 설교단에 서서 설교하는 심정으로 몇 번이고 읽으면서 원고에 실린 설교가 자신에게 성육화되게 하는 단계입니다. 앞에서 말한 대로 전하고자 하는 메시지를 자신의 몸에 담는 일입니다. 원고를 보지 않고 자신의 눈에서 대중의 눈으로 전달할 수 있도록 메시지를 자신의 가슴과 두뇌에 입력을 합니다. 원고에 고개를 숙이고 설교를 하는 자세가 아니라 고개를 들고 회중에게 설교를 할 수 있도록 자신을 준비하는 작업입니다. 이 단계에서 설교자는 설교를 작성하는 과정에서 느껴보지 못했던 깊은 감동을 받게 됩니다. 자신의 설교를 자신이 들으면서 새로운 차원의 설교 준비의 희열을 얻게 됩니다.

그 다음 단계가 바로 최종 점검입니다. 이미 원고화 작업이 필요한 이유에서 언급했습니다마는 설교 원고를 반복하여 소리 내어 읽는 동안에 스스로 점검을 해야 할 부분이 있습니다. 그것은 말씀의 주인이신 성삼위 하나님이 말씀의 적용 과정에 얼마나 등장하는지를 면밀히 살피는 일입니다. 흔히들 설교자가 말씀의 해석이 끝나면 바로 자신의 사고와 판단을 가지고 메시지를 회중의 삶에 적용하고 있습니다. 그러나 그 적용의 순간에 말씀의 주인이 나타나야 합니다. 예를 들면 "오늘도 말씀대로 우리는 하나님 앞에 충성을 다해야 합니다."라는 표현은 설교자의 견해입니다. 그러나 "오늘도 하나님은 우리가 충성을 다하기를 명령하십니다."라는 표현을 통해 말씀의 주인이 설교자가 아님을 쉽게 알게 됩니다. 이토록 섬세하게 원고를 살피면서 어떻게 하든지 오직 말씀의 주인만이 나타나도록 원고를 점검하는 일이 매우 중요합니다.

　이상의 단계를 거친 다음에 설교자는 설교단에 원고를 따로 준비해야 합니다. 만에 하나 지금 반복하여 외웠던 그 원고를 그대로 가지고 단에 오른다면 설교자의 두뇌는 작동을 하지 않습니다. 늘 원고를 보도록 강요합니다. 설교자는 어쩔 수 없이 원고를 보지 않고서도 충분히 전할 수 있는 예화까지도 원고를 쳐다보는 실수를 합니다. 아예 원고가 없어야 두뇌는 최선을 기울여 작동을 합니다. 그러나 중요한 내용을 빠뜨릴 염려가 있기에 준비된 원고를 10분의 1로 축약을 합니다. 한 장에 그 설교의 중요한 내용을 메모만 합니다. 그리고 그것만 손에 들고 설교단에 오를 준비를 해야 합니다. 많은 설교자들이 준비한 원고만을 가지고 올라가서 눈을 들어 회중에게 설교하지 않고, 원고에다가 고개를 숙이고 설교를 하는, 보기에 안타까운 모습으로 설교를 진행합니다.

❈

Q. 설교의 준비가 생각했던 것보다 훨씬 많은 단계를 거쳐야 함을 알게 되었습니다. 역시 설교란 쉬운 사역이 아님을 다시 한번 확인했습니다. 이상의 단계를 다 거친 설교자가 취해야 할 다음 단계는 어떤 것이 있는지 알고 싶습니다.

A. 설교의 준비는 언제나 양면적입니다. 하나는 메시지의 구성과 내용이며, 또 하나는 메시지를 전하는 도구의 준비 문제입니다. 존 엄한 메시지를 전해야 할 도구인 설교자가 어떤 상태인가를 점검하는 문제입니다. 아무리 훌륭한 악보라고 하더라도 그것을 연주할 악기가 충분한 소리를 낼 수 있도록 준비가 되어 있지 않으면, 그 음악은 성공적으로 전달되지 못합니다. 설교도 똑같습니다. 메시지를 전해야 할 메신저의 영과 육의 상태가 어떤지를 섬세하게 살펴야 합니다. 그 설교자가 청아한 선율을 발할 수 있는 상태인지를 점검해야 합니다. 만에 하나라도 하나님의 메시지를 전하는 데 방해가 될 만한 여지가 도구로 쓰임 받게 되는 자신에게서 발견되면 그 부분을 집중적으로 갈고 닦아 맑은 소리가 나도록 해야 합니다. 이것은 단순한 성대의 교정을 의미하는 것이 아님을 잘 아실 줄 압니다. 이것은 하나님과 자신만의 관계 속에서 있어지게 되는 매우 중요한 문제입니다.

대화의 함축된 의미들

설교의 준비에는 수많은 단계가 있다. 이러한 단계를 어떤 설교자들은 매우 거추장스럽게 여기는 경우가 있다. 그리고 자신의 방법을 고집하면서 준비의 단계를 단순화시키는 사례를 종종 본다. 그러나 설교는 어떤 일과도 비교할 수 없는 특수한 일이다. 그러한 까닭에 설교는 원칙을 지키는 것이 가장 타당하다. 하나님의 메시지를 전하는 일은 지켜야 할 과정을 지키지 않을 때 큰 오류를 범하기 쉽다.

다시 한 번 더 앞에서 언급한 설교의 준비 단계를 요약해 보면 다음과 같다.

설교자의 점검 ⇒ 설교의 목적 설정 ⇒ 본문과 주제의 확정 ⇒
석의 ⇒ 주해와 적용 ⇒ 명제적 진술의 확정 ⇒ 설교의 윤곽 설정
⇒ 자료의 배열 ⇒ 원고화 작업 ⇒ 말씀의 성육화 작업 ⇒ 최종
점검 ⇒ 10분의 1로 원고 축소 ⇒ 설교 도구의 겸허한 준비

이러한 준비의 단계를 기도 가운데 이어가는 설교자에게는 분명히 성령님이 동행하신다. 그리고 성령님은 앞에서 제시한 설교의 준비와 전달의 현장에서 그 설교자를 소중한 도구로 삼으신다. 설교자는 최선을 다한 설교 준비를 거치면서 순간의 결실에 민감할 필요가 없다. 오직 우직한 종으로서 충성된 길을 걸을 때 그 최종적인 책임은 성령님이 맡아 주신다.

설교와
간증의 차이점

14 설교와 간증의 차이점

저는 교회의 설교 사역에 깊은 관심을 가지고 있는 평신도로 장로의 직임을 가지고 있습니다. 지난 대화에서 설교의 정의를 말하면서 설교는 선택 받은 설교자만이 할 수 있는 것처럼 말씀하셨습니다. 그렇다면 장로는 할 수 없는지요? 제가 알기로는 장로교에서는 항존직으로 장로, 집사, 권사를 규정하여 목사도 장로의 범주에 함께 속해 있는 것으로 알고 있습니다.

A. 매우 중요한 질문을 해주셨습니다. 그렇습니다. 한국에 있는 대부분의 장로교 헌법에는 항존직을 장로, 집사, 권사로 그 직분을 표기하고 있습니다. 그러나 장로에는 두 가지 직임으로 분류됩니다. 설교와 성례와 치리를 겸한 사람은 목사라 칭하고, 치리만을 하는 사람은 장로라고 칭하도록 구분되어 있음을 먼저 밝혀 드립니다.

그러므로 목사는 개교회의 성례와 설교와 치리기관의 책임자로서의 행정

업무와 교인들을 돌보고 섬기며 양육하는 책임을 맡게 됩니다. 물론 그래서 목사는 세상의 어떤 직업에도 종사할 수 없고, 오직 교회에서 목회자의 직분만을 수행해야 합니다. 그러나 장로는 세상의 직업을 가지고 살면서 교회를 섬기는 일에 함께합니다. 교회의 최고의결기관인 당회에 소속된 회원으로서 의결권을 갖고 있습니다. 이곳에서 교회를 위한 봉사의 기능을 수행하고, 목회에 필요한 도움을 주는 일에 정성을 기울입니다. 다스리거나 군림하거나 가르치는 임무를 말하는 것은 결코 아닙니다.

그 다음으로 장로가 설교를 할 수 있는지에 대한 귀중한 질문을 하셨습니다. 그렇습니다. 설교는 아무나 함부로 할 수 없는 특별한 사역입니다. 이유는 하나님 말씀의 선포이며, 해석이며, 적용이기 때문입니다. 조금의 실수라도 허용할 수 없는 특별한 일입니다. 장로이기 때문에 설교를 못한다는 논리는 약간 모순이 있습니다. 문제는 설교를 하고자 하는 장로가 설교의 소명을 받아 신학이라는 교육과 훈련을 받아 말씀을 바르게 해석할 수 있는 소양을 충분히 갖추었는지를 확인해야 합니다. 더 나아가 세상의 어떤 직업도 없이 오직 설교 사역을 위하여 온전히 생을 바치고 있는지를 확인하는 것이 급선무입니다.

참고로 칼뱅의 소명론을 말씀드립니다. 그는 소명을 내적인 소명과 외적인 소명으로 분류한 바 있습니다. 내적인 소명은 세상의 어떤 삶의 길도 뒤로 하고 복음을 전하지 않고는 견딜 수 없이 솟구쳐 오르는 열정입니다. 그리고 외적인 소명이란 자신의 복음 증거를 듣는 사람들의 입에서 말씀의 종이 될 만한 자질과 섬김의 본질을 인정받는 일입니다. 이 점도 설교하기를 원하는 장로는 깊이 참고해야 합니다.

Q. 그러나 저로서는 충분히 납득이 가지를 않습니다. 그 이유는 설교자로서 소명이나 훈련을 받지 않고 세상의 직업을 가지고 사는 평신도가 간증을 통하여 때로는 목사님의 설교에서 받을 수 없는 깊은 감명을 안겨줍니다. 솔직히 말씀드리면 웬만한 설교자의 설교보다 훨씬 더 깊은 은혜를 교인들이 받을 때가 많습니다. 그럴 때마다 아무런 감동을 안겨 주지 못하는 설교자의 설교보다 차라리 평신도들이 설교단에서 자신들의 생활 속에서 체험한 이야기를 들려주었으면 하는 생각을 해봅니다.

제 생각에는 많은 평신도들이 저와 같은 생각을 버리지 못하고 있다고 생각합니다. 그래서 평신도의 설교에 관한 가능성을 조심스럽게 물어보고 있습니다.

A. 주신 질문의 뜻을 충분히 이해하고 있습니다. 질문하신 분께서 설교에 대한 새로운 인식을 해주셨으면 합니다. 설교란 듣는 사람의 마음에 감동을 안겨주거나 흥미를 유발하는 데 목적이 있지 않습니다. 설교는 설교자에 따라 흥미 있게 전달하는가 하면 깊은 감동을 안겨주는 경우도 있습니다. 반면에 어떤 설교자는 그 논리나 내용이나 전달이 자장가에 불과할 정도로 수준 미달인 경우가 종종 있습니다. 실질적으로 성경에 나타난 구약의 예언자들이나 신약의 사도들을 보십시오. 오늘의 유명한 부흥사들처럼 그렇게 회중을 울고 웃기면서 흥미가 넘칠 만큼 감동이 깊고 많지 않았습니다. 진정한 설교는 인간을 감동시키는 것보다는 하나님이 하신 말씀을 들려주는 것이 가장 중요한 초점이 되어야 합니다. 물론 듣는 사람들의 감동과 은혜의 물결이 중요한 것은 사실입니다. 그러나 주목적은 하나님이 무엇을 그 설교자를 통하여 회중에게 말씀하시는지를 파악하는 일입니다. 비록 흥미가 없더라도 회중은 귀를 기울여 경청해야 합니다.

열 마디의 말씀 중에 단 한 마디만이라도 내 가슴에 들어오면 고마운 마음
으로 심비(心碑)에 새겨야 합니다.

회중이 흥미만을 추구하고 감동어린 메시지만을 기다린다면, 설교는 어
쩔 수 없이 탈선을 합니다. 오늘 한국교회 설교의 위기가 바로 여기에 있습
니다. 순수하게 하나님의 말씀을 새겨들을 생각보다는 나의 감정을 움직이
는 예화나 찾고 있다는 데 문제가 있습니다. 누구의 경험담을 하나님 말씀
보다 우선하는 자세에서 설교의 비극이 발생되고 있습니다.

Q. 매우 민감한 문제를 지적해 주셨습니다. 주신 답변을 들으면서
앞으로 나아가 회중이 좋아하는 설교를 하겠다고 마음먹었던
내 자신이 스스로 많은 점을 반성하게 되었습니다. 회중이 하나님의 말씀
에 깊은 관심을 가지고 감동을 받고 하나님의 은혜를 깨달을 수 있다면, 그
것은 금상첨화(錦上添花)임에 틀림이 없겠습니다. 그러나 흥미 위주보다 메시
지를 우선해야 한다는 설교의 근본을 마음 깊이 새기고 앞으로 설교 사역
에 최선을 다하겠습니다.

말씀을 듣는 가운데 생긴 또 하나의 의문은 설교와 간증의 차이가 어떤
것인가 하는 점입니다. 회중의 흥미에 관심을 두다 보니 설교자의 간증이
설교로 등장됩니다. 그럴 때 평신도의 간증은 설교가 될 수 없고 설교자의
간증만 설교가 될 수 있다는 이상한 논리가 형성됩니다. 그래서 설교와 간
증의 정의를 듣고 싶습니다.

A. 그렇습니다. 저 역시 상당히 많은 설교자들이 설교 시간에 간증의 범주에 속한 자기 이야기나 예화를 장시간 펼치는 것을 들었습니다. 만에 하나 이러한 설교의 물결이 한국교회 강단에 계속 지속된다면 앞으로 우리는 설교의 매우 큰 위기를 맞게 됩니다. 이를 미연에 방지하기 위하여 우리는 설교와 간증의 차이점이 무엇인지를 확실하게 파악해야 합니다.

먼저, 설교에 대한 정의는 지난 주제에서 이미 말씀드린 바 있습니다. 다시 한 번 더 기독교가 지난 2000년 동안 지켜온 설교에 대한 정의를 말씀드립니다.

설교란 부름 받은 설교자가 선지생도로서 입문을 하고 훈련을 거친 후에 성령님의 역동적인 역사 아래서 성경에 기록된 하나님의 말씀을 바르게 선포하고, 그 말씀을 정확하게 듣는 이들의 언어로 해석해 주고, 그리고 그 말씀을 효율적으로 그들의 삶에 적용시키도록 하는 사역(使役)입니다.

이 사역은 임의대로 개인의 생각을 발표하거나 주지시키는 일이 아닙니다. 하나님이 주신 66권의 말씀 가운데서 그날의 메시지를 받아 그 말씀을 바르게 선포하고 정확하게 해석합니다. 그리고 그 해석을 따라 듣는 회중의 삶에 적용(Application)하는 일을 합니다. 여기서 다시 강조한 것은 이 사역은 성령님이 주체가 되고, 설교자는 도구(instrument)가 되어야 한다는 사실입니다.

둘째로, 간증에 대한 정확한 이해입니다. 신앙 간증은 66권의 성경의 진리에서 출발한 것이 아니고, 어느 특정한 개인이 체험한 사실에서 출발합니다. 그 경험은 기독교 전체에 해당되는 진리가 아니라 어느 특수한 개인이나 사건에 국한됩니다. 설교처럼 누구에게나 적용될 수 있는 진리성을 갖추지 못합니다. 간증이 일반적으로 목적하는 것은 자신이 체험한 사실을 나누고, 누구나 자신과 같은 입장에 처해 있을 때 그들도 자신처럼 결실을 거둘 수 있다는 확신을 심어주거나 위로를 받기 원하는 데에 있습니다.

이상과 같은 설교와 간증의 본질적인 차이를 알게 된다면, 설교자의 경험담은 순수하게 선포하고자 하는 본문이 담고 있는 메시지를 위한 예화의 수준이지 결코 간증과 같은 성격을 갖출 수가 없음이 명확해집니다. 문제는 말씀의 해석보다는 자신의 경험담으로 설교 시간을 모두 메우는 사례들이 많아 회중에게 설교와 간증에 대한 혼동을 가져올 수 있다는 가능성입니다. 결국 이러한 무질서에 대한 책임은 설교 시간을 자신의 경험담으로 채우는 설교자들의 것이라고 생각합니다.

Q. 간증이 성경의 진리를 바탕으로 하지 못한 것이라면, 우리 교회에서는 장려할 수 없다는 말씀인지 묻고 싶습니다.

A. 오해를 하신 듯합니다. 간증이 불필요하다는 말이 아닙니다. 기독교 역사의 수많은 위인들이 남긴 이야기는 거의가 다 간증의 범주에 속합니다. 그들이 남긴 신앙의 경험 이야기는 오늘까지 막대한 영향을 끼치고 있습니다. 그래서 '경험을 통한 메시지의 전달'이라는 말까지 하게 됩니다. 신앙공동체의 구성원이 하나님으로부터 받은 특별한 은혜를 말하고, 그 은혜 받은 사실을 통하여 감동이 되고 격려가 된다면, 이것 또한 소중한 일임에 틀림이 없습니다. 기독교 안에는 초자연적이고 인간 지성의 한계를 벗어난 하나님의 역사가 얼마든지 발생될 수 있습니다. 그것이 비록 개인에게서 발생되었더라도 겸허히 인정하고 거기에 함께 감사하는 것은

성도의 바른 자세라고 봅니다.

그러나 그 간증이 설교와 동일한 선상에서 활보하게 되고 예배 시간에 설교 대신 간증으로 내용이 대치되는 일이 문제가 있을 뿐입니다. 그리고 간혹 성경의 진리에서 좀처럼 찾아보기 힘든 사례를 가지고 나와서 자신의 체험이 성경보다 더 우월한 듯한 인상을 풍기는 것 등은 심각한 문제가 됨을 말씀드립니다.

Q. 한국교회에서 활발하게 번지고 있는 신앙 간증에 대하여 특별히 유의해야 할 사항이 있다면 어떤 것이라고 생각하시는지 구체적으로 지적해 주시면 도움이 되겠습니다.

A. 건전한 신앙 간증을 위한 제언을 저는 다음 몇 가지로 나누어서 말씀을 드립니다. 먼저는, 자신이 받은 놀라운 환상과 계시를 부득불 보고를 하면서도 자신의 나타남을 매우 조심했던 바울의 경우를 바로 보아야 합니다. 남달리 신비한 순간의 경험을 하였으면서도 "나를 위하여는 약한 것들 외에 자랑치 아니하리라."고 고백하고, 두 번 다시 자신의 경험을 반복하여 말하지 않았던 그의 자세입니다. 더 나아가 그는 자신의 신비한 경험을 듣는 무리들을 염두에 깊이 두면서 "내게 듣는 바에 지나치게 생각할까 두려워하여 그만두노라."는 고백을 남기고 있습니다. 이러한 바울의 자세는 실로 하나님이 원하시는 자세라고 일컬어도 조금의 잘못이 없습니다.

둘째는, 간증을 할 수 있는 신비한 경험은 대체적으로 건강을 잃고 죽음의 직전에 임하였을 때를 비롯하여, 너무나 불우한 처지에서 또는 사업의 실패로 좌절과 실망의 늪에서 헤매일 때 고마우신 하나님과의 만남인 경우가 대부분입니다. 그러하기에 누구나 그 만남의 사건과 놀라운 결실만을 보고하려는 충동을 느낍니다. 그러나 성경에 기록된 말씀에 비추어 이상이 없는 신앙의 체험이어야 그 진리성이 인정 받게 됩니다. 성경말씀과 무관한 신비한 신앙의 체험은 자칫 허탄한 환상이나 우연의 일치로 끝나는 값없는 간증이 되기 쉽고 사탄의 도구로 전락될 가능성을 내포하게 됩니다.

끝으로, 자신의 신앙 간증에 사람들이 구름같이 몰려오더라도 자신의 행위를 설교 사역으로 착각하는 우를 범하여서는 안 됩니다. 앞에서도 언급한 대로 설교 사역은 부름 받은 종이 정상적인 훈련을 받고 기록된 하나님의 말씀을 전하고, 해석해 주고, 현대인들의 삶에 적용해 주는 사역입니다. 그러나 간증이란 개인에게 주어진 특별한 경험과 은혜를 이웃의 성도와 나누는 것이 주된 목적입니다. 그러므로 자신의 간증을 절대화시켜 설교와 동일시하거나 자신을 위대한 설교가로 착각하는 탈선은 위험한 행위입니다.

대화의 함축된 의미들

한국은 오랜 종교의 터전 위에서 종교문화가 매우 발달한 나라이다. 그 터 위에 뿌리를 내린 기독교이기에 기존의 종교문화에 편승하여 본질을 많이 상실하고 있다. 그래서 자신의 신앙적 경험담만을 늘어놓는 간증 집회가 도처에서 진행되고 있다. 그로 인해 개인이 경험한 신비의 세계를 성경에 기록된 하나님의 말씀보다 우선적으로 여기는 잘못된 생각들이 난무하고 있다. 소중한 경험을 갖게 했던 하나님의 은총이 자신이 우월한 성도가 되고 특수한 은총의 소유자가 되는 방편으로 오용되는 사례가 많다.

　이러한 부정적인 면에 깊은 자성의 시간을 갖지 않은 신앙 간증의 주인들은 자신도 모르는 사이에 하나님을 만나야 할 회중에게 자신을 만나게 하는 결과를 초래한다. 그리고 그 결과는 인간 중심의 신앙으로 동료 성도들을 이끄는 커다란 실수를 범하고 슬픈 종말을 고하게 된다. 이제 간증은 성경의 진리를 선포하는 데 필요한 예화로 사용되거나, 아니면 순수한 집회를 통하여 하나님의 말씀 안에서 누구나 수긍할 수 있는 신앙의 경험담이 되어야 한다. 결코 설교를 대체하거나 설교 위에 군림하는 일이 발생하지 않도록 각별한 유의를 해야 한다.

주어가 없는 목사의
설교 문장들

15 주어가 없는 목사의 설교 문장들

 저는 어느 날 담임목사님으로부터 자신의 설교를 영어로 번역해 달라는 부탁을 받았습니다. 그런데 거의 모든 문장에 주어가 없는 문제가 발견되었습니다. 그렇게 주어가 없는 문장이 많음에도 불구하고 어떻게 문장으로 성립이 되며, 한국의 많은 교인들은 그 설교를 듣고 이상한 점을 발견하지 못하는지에 대해 매우 궁금합니다.

 그렇습니다. 지난 시간에 대화를 나눈 대로 우리 언어의 특성 중의 하나는 주어에 대한 관심을 기울이지 않는 것입니다. 영어의 경우는 주어가 없이는 문장이 성립되지 않고, 또 이해를 할 수 없습니다. 그래서 그 언어를 주어 중심의 언어라고 합니다. 그러나 우리의 언어는 문장을 끝맺는 술어를 다 들은 다음에 주어를 알게 되는 경우가 많이 있습니다. 그래서 술어 중심의 언어라고 말합니다. 비록 주어가 없더라도 종결어를 보면 주어가 무엇인지를 알게 됩니다. 다음의 두 문장을 봅시다.

(나는) 당신을 무척이나 사랑합니다.

(사람들이) 목사님이 매우 좋으신 분이라고들 말하고 있습니다.

이 두 문장의 경우 주어인 '나'와 '사람들'이 생략되었습니다. 그러나 이 문장을 읽거나 듣는 사람들은 전혀 이상이 있는 문장이라고 말하지 않습니다. 모두가 그 뜻을 충분히 이해합니다. 이규호의『말의 힘』에서는 우리 언어에 주어가 너무 많이 생략됨을 말하면서, 김소월의 "진달래꽃"과 조병화의 "하루만의 위안"이라는 시를 예로 들었습니다.

나 보기가 역겨워
가실 때에는
말없이 고이 보내
드리우리다

영변에 약산
진달래꽃
아름 따다 가실 길에
뿌리우리다

가시는 걸음 걸음
놓인 그 꽃을
사뿐히 즈려밟고
가시옵소서

나 보기가 역겨워

가실 때에는

죽어도 아니 눈물

흘리우리다

****

잊어버려야만 한다.

진정 잊어버려야만 한다.

오고 가는 먼 길가에서

인사 없이 헤어진 지금은 누구던가

그 사람으로 잊어버려야만 한다.

이 짤막한 두 편의 시를 우리가 조금만 주의하여 읽어보면, 주어가 전혀 보이지 않고 있음을 알게 됩니다. 엄밀하게 말하면 분명히 '나' 아니면 '너', 또는 '우리' 아니면 '사람들'이 주어로 등장해야 합니다. 그러나 전혀 그러한 주어가 없습니다. 그래도 애송하는 한 편의 시로 많은 사람들이 읽고 있습니다.

여기서 유의해야 할 것이 하나 있습니다. 많은 국어학자들은 우리말이 사실을 사실대로 서술하면서 발전되어 온 것이 아니라 나와 너와의 대화로서 발전되어 왔음을 강조합니다. 사실 우리의 언어문화는 서로의 상관관계를 통하여 의미를 추정하고, 말 가운데 자신의 등장을 굳이 애쓰지 않고 언어를 구사해 왔습니다.

이상과 같은 우리 언어문화의 배경 때문에 주어가 없는 언어는 우리에게는 매우 익숙해져 있습니다. 설교자의 문장에 주어가 없어도 아무도 그 문장에 주어가 빠졌다는 한마디 없이 설교를 경청하고 이해합니다. 번역을 부탁 받은 원고에도 이러한 우리의 언어 실태를 유념하고 읽게 되면 그 주어가 어떤 것인지를 바로 알게 됩니다.

Q. 주어가 없는 문장에 필요한 주어를 술어의 성격에 따라 찾아보았는데, 모두가 '나', 곧 설교자가 주어가 되는 결과가 나옵니다. 거의 모든 문장의 술어가 "……기를 축원합니다", "…… 줄로 믿습니다", "……라고 생각합니다", "……기를 바랍니다", "……를 기원합니다."로 맺어져 있습니다. 이러한 술어의 모든 주어가 설교자 자신입니다. 그렇다면 모든 문장이 주어 'I' 와 더불어 번역이 되어야 하는데, 참으로 딱합니다. 영어권에서는 이러한 부류의 설교를 읽어보거나 들어본 적이 없기에 더욱 당혹감을 금하지 못합니다.

A. 그렇습니다. 주어를 생략한 우리의 언어 습관이 설교에서 아무런 여과 없이 진행될 때 범하는 오류가 바로 그것입니다. 설교에서 정확한 주어를 사용하는 습관을 기르지 않으면, 거의 모두가 발견하신 문제에 자신도 모르게 깊이 빠지게 됩니다. 한국교회 설교의 가장 큰 문제 중의 하나가 설교자가 바라고, 축원하고, 기원하고, 생각하는 것이 설교로 자리매김을 한 지 한 세기를 넘기고 있습니다. 설교는 말씀의 주인이신 성삼위 일체되신 하나님이 등장해야 하고, 그분의 말씀만이 들려야 함이 기본입니다.

그래서 주어 중심의 언어인 영어에서는 설교 문장의 주어가 하나님, 예수
님, 성령님, 성경입니다. 그 뜻을 해석할 때만이 다른 주어를 사용하고 있습
니다. 예를 들어, 빌리 그래함 목사의 설교를 들어 보십시오. 이상에서 말한
주어를 얼마나 많이 사용하는지를 곧 알게 됩니다. 그래서 영어로 설교를
들을 때는 하나님이 나타나는데, 한국말로 하는 설교단에서는 설교자만 보
입니다. 다음의 예문을 유의해 보셨으면 합니다.

> 믿는 자는 언제나 감사의 생활을 해야 합니다. 우리 ○○교회 여러
> 분은 이 감사의 생활을 잘 하시어 더욱 큰 축복을 누리시기를 축
> 원합니다.

> 하나님은 오늘도 사도 바울을 통하여 우리 에게 "감사하라. 범사
> 에 감사하라."고 말씀하십니다. 이 말씀은 우리가 깊이 경청하고
> 따라야 할 주님의 말씀입니다. 이 길이 진정 복된 길입니다.

이상의 두 문장을 분석해 보면, 앞의 문장은 성경에 바탕을 둔 설교자의
견해를 피력하면서 교인들이 큰 복을 받기를 설교자가 축원하는 말입니다.
오직 설교자의 견해와 빌고 원하는 것만이 있을 뿐입니다. 그러나 후자의
경우는 설교자가 보이지 않습니다. 오직 말씀의 주인과 그 말씀만이 있을
뿐입니다. 진정 우리 설교자들이 취해야 할 바른 길은 후자임을 다시 한 번
강조하는 바입니다.

지금까지 설교자들이 설교에서 주어의 사용에 무관심했다는 사실에 저 자신도 놀라고 있습니다. 그러나 한 세기를 넘도록 우리의 강단은 그러한 상태 속에서 오늘을 이어왔습니다. 만일 설교자들이 계속적으로 주어를 생략했을 때, 어떤 결과를 초래하는지 듣고 싶습니다.

오늘날처럼 설교자들이 설교 문장의 주어를 정확히 지키지 못했을 때 찾아올 결과를 생각해 보면 참으로 비참한 생각이 찾아듭니다. 결론적으로 설교의 탈선이 극심하게 되고 그 임종이 쉬 오게 됩니다. 한국 설교자들이 최근 들어 남발하고 있는 이상에서 본 종결어는 모두 설교자 자신을 주어로 하고 있습니다. 이러한 설교 현상이 계속되었을 때에 다음과 같은 슬픈 미래를 예견하게 됩니다.

먼저는, 설교는 분명히 하나님 말씀의 선포요, 해석이요, 적용입니다. 오직 하나님의 말씀만이 있어야 할 말씀의 단입니다. 그러나 설교자가 주어가 되는 문장이 계속되면 그 자리에는 말씀의 주인이신 삼위일체되신 하나님이 보이지 않게 됩니다. 그래서 설교자는 목이 쉬게 하나님의 이름을 부르지만, 회중에게는 설교자만 보일 뿐 하나님이 보이지 않습니다.

둘째는, 설교가 설교자가 원하고 바라는 것을 서술하는 것이 되었을 때 그 설교는 더 이상 하나님의 말씀으로 받아들여지지 않습니다. 거기에 더하여 설교자의 경험과 지식과 견해가 설교 속에서 계속 이어질 때 그것은 더 이상의 설교로서의 가치를 상실하게 됩니다.

셋째는, 설교자가 주어가 되어 이어지는 말에는 비록 그것이 성경에 바탕을 둔 내용이라고 할지라도 이어지는 말씀의 주체가 늘 설교자로 고정됩니다. 말씀의 주체가 정확하게 나타나지 않을 때 하나님의 말씀은 인간의 잡다한 언어 속에 묻혀 빛을 보지 못합니다. 그래서 설교학 교실에서는 어떤

본문이 바울 서신에서 나왔을지라도 "바울은 ……라고 말했습니다."를 못
하게 합니다. "하나님은 바울을 통하여 ……라고 우리에게 말씀하십니다."
로 표현하도록 저는 교육을 시키고 있습니다.

이제는 인간의 잡다한 언어와 예화와 경험담 등이 대폭 축소되고 하나님
의 말씀만이 보이도록 해야 할 때가 되었습니다. 그 첫 길은 설교 문장의 주
어를 분명하게 밝히고, 말씀의 주인이 명확하게 나타나도록 하는 일입니다.

Q. 교수님의 주장은 모든 소리말(音聲言語)과 글말(文字言語)에 주어
를 반드시 사용해야 한다는 말씀인지요? 만약 그렇다면 수천 년
의 역사를 통해 굳어진 우리말의 문화에 익숙해 있는 사람들이 쉽게 적용
할 수 있으리라는 생각이 들지 않습니다. 설교자가 단순하게 설교단에서
사용하는 언어를 삶의 장에서 그대로 사용한다면 자연스럽지 못한 결과가
많이 발생하리라 예견하게 됩니다. 여기에 대한 의견을 듣고 싶습니다.

A. 대단히 필요한 질문입니다. 그렇습니다. 언어는 단순히 창작된 작
품이 아닙니다. 그 민족의 문화에서 생성된 계약의 표현입니다.
역사와 문화 전반의 구조에 깊게 자리 잡고 있는 버팀목입니다. 언어 공동
체는 그 삶의 형태부터 정치, 사회의 조직까지 호흡을 함께합니다. 이러한
언어의 위력은 한 시대의 물결이나 정치의 권력이나 어느 학설의 힘으로 바
꿀 수 없습니다.

그러나 과학적인 언어와의 접촉을 통하여 우리는 우리의 언어가 가지고
있는 장점과 단점을 많이 발견했습니다. 그 결과 이미 문법적인 분석과 보

완이 많이 이루어져 우수한 언어로서의 위치를 차지하고 있습니다.

문제는 설교와의 관계입니다. 저의 주장은 간단합니다. 설교자가 언제나 주어를 수반한 문자 언어를 가정이나 교회에서 사용할 수 없습니다. 그렇다고 주어마저 없는 일상 언어 습관을 그대로 설교단에서 보일 수는 더더욱 없습니다. 바로 여기에 우리 설교자들의 깊은 고민이 있습니다. 저의 생각은 간단합니다. 사적인 언어(private language)와 공적인 언어(public language)를 구분하여 사용하자는 주장입니다. 가정에서 교인과 만나게 될 때에는 평범한 일상 언어를 사용하고, 설교단에서만은 문법적으로 손색이 없는 언어를 사용하자는 말입니다. 그럴 때 우리의 설교에 변화가 오리라는 생각입니다.

대화의 함축된 의미들

기독교는 로고스, 곧 말씀의 종교이다. 말씀이 육신이 되어 오셨다. 하나님의 나라는 말씀이 육신이 되어 오신 예수님에 의하여 이 땅에 전하여졌다. 예수님은 기사와 이적보다 말씀으로 복음을 전하셨다. 우리 주님은 주로 소리말을 사용하셨다. 그러나 예수님은 선지자들이 수천 년 전에 남긴 글말(文字言語)을 가지고 말씀에 바탕을 두시고 늘 가르치셨다. 그러한 까닭에 기독교는 어느 종교보다 말씀의 중요성을 인식하고 있다. 음성 언어와 문자 언어는 어느 종교보다 앞서서 병존하고 있다.

설교 사역을 제 2의 생명으로 여기는 설교자들은 새롭게 언어 문제를 깊이 생각해야 한다. 생각 없이 언어를 사용하는 것은 하나님이 주신 중요한 도구를 남용하는 결과를 초래한다. 바른 말, 바른 글, 이것은 우리 설교자들이 깊이 관심을 두어야 할 부분이다. 그래서 설교자는 설교를 원고화해야 한다. 어디에 자신이 등장하고 있는지를 살펴야 한다. 자신이 전하고자 하는 말의 주체로 표현이 되어 있는지, 아니면 말씀의 주인이 뚜렷하게 나타나는지를 분석하는 데 예민해야 한다. 이 문제는 우리 한국 설교자들이 가장 시급하게 다루어야 할 문제이다.

좋은 설교를 만드는
일등 공신인 서론의 문제

16 좋은 설교를 만드는 일등 공신인 서론의 문제

Q. 저는 설교를 준비할 때 서론에 깊은 관심을 기울이지 않는 설교자입니다. 그 이유는 설교 메시지의 내용에 저의 온 정성을 쏟아야 하기 때문입니다. 오직 메시지의 발굴에만 집중하여 시간을 보낼 뿐 서론의 개발은 관심 밖으로 여길 때가 많습니다. 성경에 나타난 설교자들이 서론을 사용하였다고 보지 않습니다. 혹시 설교의 서론에 대한 저의 무관심이 잘못된 것인지 묻고 싶습니다. 서론의 중요성을 실감하지 못하는 저와 같은 설교자에게 도움이 되는 말씀을 듣고 싶습니다.

A. 페리골의 회상록에 "말은 인간의 사상을 장식하기 위해서 주어진 것이다."라는 말이 있습니다. 거기에 반하여 우리에게 장편 철학시 『오디세이아』로 잘 알려진 그리스의 시인 카잔차키스는 "말은 장식이 없어야 한다."는 말을 남긴 적이 있습니다. 이처럼 언어의 장식에 관한 찬반의 입장은 언제나 공존해 왔습니다.

어떤 설교자는 설교의 서론을 말의 장식처럼 생각하는 경우를 봅니다. 그 예로 아무런 언어의 장식을 수반하지 않았던 구약의 선지자들을 말합니다. 순수한 메시지만을 전했던 그들의 설교 형태를 재연하고 싶어 합니다. 그러나 오늘의 설교 무대는 구약시대와는 매우 다릅니다. 첨단을 달리는 현대 문화와 교육을 받은 지성인들에게는 그들에게 맞는 언어 구사가 있어야 합니다. 수천 년 전의 설교 형태를 그대로 재현한다는 것은 합당한 주장이 될 수 없습니다. 본문에 나타나는 메시지를 효과적으로 전하기 위해서는 논리의 형태 또는 장식이 필요합니다. 그것은 설교가 합리적이어야 한다는 뜻입니다. 불합리한 이론의 전개에는 회중이 경청하고 호응하지 않게 됩니다.

바르트는 설교의 서론에 대하여 매우 흥미 있는 말을 남긴 적이 있습니다. 그는 설교를 듣기 위하여 설교자를 쳐다보고 있는 회중의 마음은 이미 세상의 잡다한 사연들에 선점(先占-preoccupy)되었다고 분석합니다. 그러나 다행스럽게도 회중은 설교자의 말을 듣기 위하여 약 2분 정도는 마음을 열고 정신을 집중한다고 말하면서, 만약 설교가 그 2분 동안에 회중의 열린 마음을 계속 붙잡지 못한다면 그 설교는 실패작이라고 지적한 바 있습니다. 사실 바르트의 말은 매우 의미가 있습니다. 실질적으로 지금의 교인들은 농경사회였던 1차 산업의 현장에서 사는 사람들처럼 단순한 사고와 경험에 머물러 있지 않습니다. 너무 많은 다양한 삶의 장에서 헤매던 삶의 주인들이 바로 우리의 설교를 듣기 위해서 앉아 있습니다. 설교의 메시지가 이들과의 만남을 가져오기 위해서는 깊은 관심과 흥미를 불러일으키고 호감이 가는 접촉을 먼저 해야 합니다. 바로 이것이 서론이 있어야 할 당위성입니다.

Q. 저는 우리 목사님의 설교 사역에 깊은 관심을 기울이고 있습니다. 그분의 설교 사역을 위하여 늘 기도하는 평신도입니다. 우리 목사님은 어느 목사님보다 말씀의 통찰력이 좋아 많은 분들을 말씀으로 끌고 가는 특별한 은사를 받은 분이라고 생각합니다.

그런데 가장 아쉬운 것은 우리 목사님은 설교 본론에 가기까지 때로는 30분을 소요할 때가 종종 있을 정도로 서론의 길목에서 그 귀한 시간을 다 보내곤 합니다. 그러한 결과 설교 시간이 1시간을 넘기는 경우가 많습니다. 많은 교인들은 보다 효율적인 서론의 전개를 갈망하고 있습니다. 여기에 대하여 설교학 교수의 입장에서 설교자들에게 들려주어야 할 말씀은 없으신지요?

A. 참으로 마음 아픈 부분입니다. 그렇습니다. 어떤 설교자들은 서론의 중요성에 관심을 기울이지 않습니다. 저는 무엇보다도 그러한 설교자가 설교의 서론에 남다른 심혈을 기울여주기를 먼저 부탁하고 싶습니다.

무엇보다도 설교의 서론은 장황해서는 안 됩니다. 산뜻하고 간결한 어휘와 문장으로 구성되어야 합니다. 잡다한 수식어나 비효율적인 문장을 나열하는 것은 절대 금물입니다. 서론이 진행되어야 할 시간은 2분이라는 짧은 시간입니다. 어떤 설교자는 서론에서 하고 싶은 말이 이어져 나오는 것을 억제하지 못하고 펼치다가 10분을 예사로 넘기는 경우를 종종 봅니다. 서론에서는 일체의 설교가 있을 수 없습니다. 서론은 오직 전해야 할 메시지를 향하여 회중이 마음을 열게 하는 설교의 대문(大門)일 뿐입니다. 메시지를 듣기 위하여 들어가야 하는 문전에서부터 장황한 설교가 펼쳐진다면, 회중은 본론에서 이어질 설교를 들을 기력을 모두 상실하게 되고 거기서 발길을 돌리게 됩니다. 뿐만 아니라 그 문전(門前)에 회중을 오래 세워둔다거나 질서도 없이 이리저리 끌고 다니는 것은 회중으로 하여금 스스로 설교의 문안에 들어오지 못하게 막는 결과를 초래합니다. 그래서 산뜻하고 간결한 서론을 설교자는 언제나 구상해야 합니다.

Q. 저는 목사님의 설교를 듣고 많은 도전을 받아서 삶의 방향을 바로잡고 사는 평신도입니다. 하나님이 저희 목사님을 통하여 주신 메시지가 매우 소중하다고 생각하면서 설교의 경청에 최선을 다하고 있습니다. 그런데 우리 목사님이 펼치는 설교의 서론은 언제나 무미건조합니다. 그래서 많은 교인들이 설교가 시작될 때부터 눈을 감거나 주의를 전혀 기울이지 않습니다. 설교의 서론에서 듣는 사람의 관심을 끌어가는 것은 잘못인가요?

A. 주시는 질문의 뜻을 저는 충분히 이해하고 있습니다. 저는 서론에서 회중의 흥미를 이끄는 데 깊은 주의를 기울이지 않는 설교자들에게 다음의 부탁을 하고 싶습니다.

무엇보다도 서론에서는 회중의 흥미를 유발시켜야 한다는 점입니다. 영어에서 흥미라는 단어는 interest입니다. 이 단어는 우리말의 흥미, 관심, 또는 이익에 속합니다. 간결하면서도 산뜻하게 펼쳐지는 서론에서 회중이 관심을 기울이고 자신이 들어볼 필요가 있다는 판단을 내리게 해야 합니다. 이

문을 열고 들어가면 무엇이 어떻게 전개될 것인지에 대한 호기심을 비롯하여 무엇인가 유익한 부분이 있을 것 같아 속히 문안을 들어가고 싶은 충동을 갖게 해야 합니다.

그러나 여기서 설교자가 특별히 유의해야 할 것이 있습니다. 회중이 서론에서 호기심을 가득하게 만들어놓고, 막상 설교의 본론이 보잘 것이 없을 때 회중은 쉽게 실망하고 때때로 분노하게도 된다는 사실을 마음에 두어야 합니다. 서론에 걸맞는 본론을 필히 갖추어야 한다는 점을 강조하고 싶습니다.

Q. 저는 단독목회를 시작하여 매주일 설교를 한 지 몇 년이 되지 못한 설교자입니다. 막상 설교를 계속하면서 보니 설교의 이론에 대한 정확한 이해가 필요함을 느끼고 있습니다. 우선적으로 제가 설교가 시작되는 서론에서 늘 느끼는 문제점은 설교단에 서면 언제나 긴장이 되고, 그 긴장은 저의 어감이나 태도까지 굳어지게 만드는 것입니다. 그 결과 저의 설교를 듣는 회중마저 편안한 감정을 느끼지 못하는 듯합니다. 이때마다 어떤 어감이나 음정을 서론에서 사용함이 좋은지 알고 싶습니다.

A. 매우 중요한 질문을 하셨습니다. 말씀하신 문제는 설교 초년병들이 일반적으로 앓고 있는 질병 중에 하나입니다. 사실은 설교 경험이 수십 년이 되어도 설교단에 서면 누구나 긴장할 수밖에 없습니다. 그 결과 설교자의 인상이나 음정이나 어감은 차분하지를 못합니다. 이것은 설교자가 반드시 해결해야 할 과제입니다.

설교자가 설교단에 섰을 때 미소를 잃고 긴장된 인상을 보이는 것은 절대 금물입니다. 먼저 긴장된 상태에서 상승되어 있는 설교자의 감정을 먼저 조절해야 합니다. 그리고 음정은 평상시에 대화를 나눌 때 사용하는 음정과 음색이어야 합니다. 회중은 설교 시작부터 높은 음정을 들을 준비가 전혀 되어 있지 않음을 설교자가 명심해야 합니다. 그 다음으로 어감의 문제입니다. 이것 역시 일상적인 대화에서 활용한 언어의 감각과 속도를 유지해야 합니다. 대화의 현장에서는 말하는 사람이나 듣는 사람은 누구나 차분하고 안정적인 언어의 감각을 갖추기를 원합니다. 이러한 서론의 수칙은 설교자가 필연코 지키고 나아가야 할 중요한 요소입니다. 긴장을 풀고 미소가 환한 인상을 보이면서 차분한 음정의 대화체로 서론을 엮어간다면, 그것은 교인들을 가장 쉽게 접근하게 하는 지름길이 됩니다.

Q. 말씀해 주신 부분들을 마음에 두고 성공적인 설교의 서론을 이룩하도록 노력하겠습니다. 그런데 서론의 작성은 설교 원고를 쓰면서 맨 먼저 해야 하는 것인지를 묻고 싶습니다. 좋은 서론을 갖추기 위하여 노력하다 보면 너무 많은 시간을 보내게 됩니다. 좋은 방법은 없는지 듣고 싶습니다.

A. 설교자가 최선을 다하여 본문을 석의하고, 거기서 메시지를 발굴하는 주해 작업을 끝내고, 그 메시지를 회중의 삶에 현장화 시키는 적용의 틀을 모두 갖춘 다음에 거기에 해당하는 자료들을 모아 원고를 작성해야 함은 이미 말씀을 드린 바 있습니다. 설교의 서론과 결론을 원

고를 작성하는 순간에 찾으려는 것은 권장할 만한 절차가 아닙니다. 실질적으로 설교의 서론과 결론은 앞에서 말한 석의와 주해와 적용의 단계에서 이미 나오게 됩니다.

그러나 그러한 과정 속에서도 서론이 떠오르지 않았다면, 그 서론 때문에 시간을 보내고 고민할 필요가 없습니다. 적당한 서론이 떠오르지 않으면 서론을 찾기 위하여 시간을 보내지 말고 바로 다음 단계로 넘어갑니다. 다음 부분을 다 작성한 후에 적절한 서론을 작성해도 문제가 되지 않습니다. 어쩌면 이러한 절차가 더 효과적일 수 있습니다.

Q. 설교의 서론을 위하여 설교자가 대단한 주의를 기울여야 함을 새삼 느끼고 있습니다. 그런데 대부분의 설교자들은 설교의 서론에서 "오늘의 말씀은 바울이 3차 전도여행 때……", 또는 "오늘의 본문은 주전 700년경에 이사야 선지자가……" 하는 식으로 시작합니다. 그때마다 저는 좀 더 신선한 설교의 서론은 없는지 늘 묻고 싶은 충동을 느낍니다. 서론의 형태에 대한 새로운 이론은 없는지요?

A. 미국의 독립선언서의 기초위원이었던 벤자민 프랭클린은 그의 자서전에서 다음과 같은 말을 남긴 바 있습니다.

"대화의 주된 목적은 가르치는 것, 배우는 것, 즐기게 하는 것 등이니까, 사람을 불유쾌하게 하거나 반발을 일으키거나 해서는 본래의 목적을 상실하고 만다."

설교자들이 한번쯤 귀담아둘 만한 말입니다. 새로운 서론의 형태가 없이 한 가지의 형태만 가지고 설교의 서론을 시간마다 계속하는 것은 설교를 듣기 위하여 앉아 있는 사람들을 불쾌하게 하고 거부감을 가져오게 할 것임이 틀림없습니다.

일반적으로 현대설교 이론에서 제시하는 서론의 형태는 다음과 같이 구분됩니다. 먼저는, 인간적인 경험담을 가지고 설교를 시작하는 경우입니다. 삶의 장에서 발생되는 사람들의 사는 이야기는 언제나 모든 사람들의 관심을 끌 수 있기 때문입니다. 그러나 여기서 설교자나 그 가족의 이야기를 하라는 뜻이 아닙니다. 자신과 가족의 경험을 설교의 소재로 하는 사람은 곧 설교의 내리막길을 걷게 됩니다. 설교자가 자신이 경험한 좋은 소재(素材)는 언제나 자신을 숨기고 사용해야 합니다. 예를 들어 "내가 잘 아는 사람이 경험한 이야기입니다."로 이야기를 시작하고, 그 주인공을 3인칭으로 나타냄이 가장 현명한 일입니다.

둘째는, 오늘의 설교 주제와 연관된 최근의 뉴스들을 활용할 수 있습니다. 각종 미디어를 통하여 이미 회중과 접한 뉴스를 사용하는 것은 회중의 공감대와 참여를 끌어내는 데 매우 효과적입니다. 이때 그 뉴스의 출처를 굳이 밝힐 필요는 없습니다. 예를 들어, "어느 신문에 보도된 이야기입니다. 또는 어느 방송에서 보도한 내용입니다." 정도로 밝혀두는 것이 지혜로운 일입니다. 이유는 회중은 각각 자신들이 선호하거나 거부하는 매체가 있기 때문입니다.

넷째는, 문제를 제기하는 형태입니다. 설교자가 회중이 공감할 수 있는 문제를 던지고, 그 문제에 모두의 관심을 집중하게 유도하면서 메시지를 듣게 하는 방법입니다. 예를 들어, "우리 동방예의지국에 문제가 생겼습니다. 우리의 자랑스러웠던 가족들이 결별의 눈물을 흘리고 있습니다. 보도에 의하면 우리나라의 이혼율이 세계에서 상위에 속한다는 보도입니다." 회중은 자신들이 문제라고 생각한 이슈를 설교의 서론에서 던질 때 깊은 관심을 보이면서 문제의 해결을 찾기 위한 메시지에 쉽게 동참하게 됩니다.

다섯째는, 어떤 사상이나 진리를 간결하고도 날카롭게 표현한 글귀, 곧 경구를 사용하는 형태입니다. 그날의 설교 주제가 물질만능주의에 빠진 현대인들에게 돈의 노예가 되는 것을 경계하는 말씀이라면 다음과 같이 경구를 사용하면서 서론을 진행할 수 있습니다. – 19세기 미국의 법률가였고 작가였던 로버트 잉거솔은 돈에 대하여 다음과 같이 말하였습니다. "나는 왕이 되어 돈을 거지처럼 쓰느니 거지가 되어 마지막 가진 달러를 왕처럼 쓰겠다."

여섯째는, 설교자가 깊은 감동을 받은 책을 들고 그 책의 중심에 흐르는 이야기나 표현들을 사용하는 경우입니다. 예를 들어, "2010년 노벨 문학상을 받은 책이 바로 여기 있습니다. 이 책의 내용에는 우리가 마음에 두어야 할 이야기가 전개되고 있습니다." 하면서 서론을 진행했을 때, 그 반응 또한 좋습니다. 그 이유는 책을 읽어야 한다는 생각은 하면서도 책을 접하지 못하는 현대의 지성인들이 많기 때문입니다.

일곱 번째로, 우리나라처럼 4계절의 변화가 뚜렷한 나라도 드뭅니다. 설교자가 계절이 변할 때마다 설교의 주제와 관련된 언급을 할 수 있다면, 자연을 보면서도 늘 메시지를 찾는 설교자의 충실한 모습을 보일 수 있습니다. 봄에는 새싹을 언급하면서 신앙의 활성화에 대한 메시지를 찾고, 가을에는 낙엽을 보면서 인생의 종말을 생각해 보는 설교자의 혜안(慧眼)은 매우 필요합니다.

끝으로, 설교의 서론에 유머를 사용하는 것도 하나의 형태입니다. 고생을 모르고 성장한 세대는 진지하고 슬픈 이야기보다 명쾌하고 즐거운 이야기를 좋아합니다. 짤막한 유머를 사용하여 헝클어진 마음을 말끔히 씻고 설교를 듣게 하는 방법을 서양교회에서는 많이 보게 됩니다. 그러나 여기서 유의해야 할 것은 하나님의 말씀을 운반하는 진지한 현장에서 차원 낮은 유머로 사람을 억지로 웃기는 것은 우리 문화권에서는 용납하기 어려운 것임을 설교자는 마음에 두어야 합니다.

대화의 함축된 의미들

변화의 물결은 매우 빠른 속도로 진행되고 있다. 언어의 변화까지 몰고 온 시대에 오늘의 설교자들은 서 있다. 한가하게 할 일이 없어서 지루한 이야기를 마지못해 듣고 있던 시대는 벌써 지났다. 이제는 누가 더 값진 메시지를 가지고 있느냐의 문제보다는 누가 더 신속하게 필요한 메시지를 간결하게 전해 주는지를 찾고 있다.

언제나 시간에 쫓기는 현대인들은 심지어 주일예배 시간마저 한 시간을 넘기면 시계를 봐가면서 짜증을 내는 것이 현실이다. 이렇게 변화한 시대의 현장에서 설교 사역을 맡고 있는 오늘의 설교자들은 새롭게 대처할 능력을 키워나가야 한다. 그중에 하나가 바로 설교의 서론이다. 많은 회중이 하나님 앞에 드리는 예배라는 이름 때문에 어쩔 수 없이 앉아 있으면서 설교를 듣는다. 만에 하나 설교가 지루한 내용으로 자신을 감동시키지 못할 때는 설교에 대한 거부감을 나타내는 회중으로 변하고 있다.

특별히 그날의 설교와 만나게 되는 순간, 곧 서론에서 회중의 가슴을 열지 못한다면 그날의 설교는 심각한 손상을 입게 된다. 그러한 까닭에 지혜로운 설교자는 설교마다 회중의 귀와 가슴을 열거하는 서론의 개발에 땀을 흘린다.

설교의 목적을 달성하는
좋은 결론

17 설교의 목적을 달성하는 좋은 결론

Q. 저는 제 자신의 설교 중 결론 부분에 대한 불만이 많습니다. 결론을 맺고 난 후 언제나 아쉽고 충분하지 못한 느낌을 갖게 되면서 설교의 결론에 대한 갈등을 갖고 오늘을 지속하고 있습니다. 원인이 무엇인가 생각을 해보았는데, 설교의 결론에 대한 이해가 없는 데서 오는 문제가 아닌가 생각합니다. 설교의 결론을 먼저 정의해 주셨으면 합니다.

A. 설교를 끝내고 만족하는 설교자는 스스로 내리막길을 걷고 있는 사람입니다. 언제나 아쉽고 불만족하다는 생각을 갖는 것은 지극히 정상적인 설교자의 느낌입니다. 너무 실망하실 필요는 없습니다. 그렇습니다. 설교자가 설교의 결론이 어떤 것이고, 어떻게 해야 하는지를 정확히 알고 있어야 함은 너무나 당연한 기초 상식입니다.

설교의 결론은 그 설교가 지향하고 있는 목적을 이룰 수 있는 마지막 지점입니다. 결론은 자신이 행한 그날의 설교가 의도한 목적을 간결하게 한

번 더 회중이 평생을 통하여 잊을 수 없도록 만드는 설교의 종착역입니다. 그래서 설교의 결론은 설교를 원고화하는 작업의 과정에서 생성되는 것이 아니라 본문과 주제를 앞에 놓고 석의와 주해와 적용을 하는 과정에서 발생한다고 보아야 합니다. 설교자가 그날의 설교 목적을 정확히 설정했을 때는 결론도 분명해집니다.

그래서 한 편의 설교에서 가장 중요한 자리는 바로 이 결론입니다. 결코 소홀히 할 수 없는 부분입니다. 오자라 데이비스는 "설교의 결론이 설교자의 준비 부족으로 잘 맺어지지 않는다면, 그것은 설교자의 죄이다."라는 유명한 말을 남겼습니다.

Q. 제가 설교를 할 때 가지고 있는 습관 중 한 가지가 결론 부분에 도달해서 끝맺지 못하고 늘 이어가는 것입니다. 이것이 설교의 실패의 원인이 아닐까 하고 생각하는데, 설교를 바로 끝맺지 못하는 원인이 무엇인지 생각해 보지만 쉽게 답을 얻지 못하고 있습니다. 혹시 이런 문제를 분석해 보신 적이 있으신지 묻고 싶습니다.

A. 설교의 결론에 와서도 끝을 맺지 못하는 경우를 많이 봅니다. 얼마 전 중요한 집회의 현장에서 사랑하는 제자 목사가 누구도 추종할 수 없는 말씀의 통찰력을 가지고 좋은 메시지를 전하고서도 결론 때문에 그 효과를 모두 사장시키는 현장에서 저는 가슴 아픈 진통을 느낀 바 있습니다.

연속극을 눈여겨보십시오. 감독은 좀 더 보고 싶고 이어지기를 바라는 순간에서 컷을 합니다. 여운을 남길 줄 알고 보는 이들이 그날의 메시지를 음미해 보면서 스스로 미완성의 메시지를 찾게 하는 것도 필요합니다.

결론에 도달해서도 설교를 끝맺지 못하고 계속 연장해 가는 경우는 다음의 몇 가지입니다. 첫째는, 설교가 깊은 감동을 주어서 회중이 설교자에게서 눈을 떼지 못하고 있을 때, 설교자는 설교를 끝맺지 못하여 설교를 낭패의 골짜기로 이끌고 갑니다. 둘째는, 결론이 원고에 정확히 정리되어 있지 않아서 즉흥적으로 결론을 조작하려 할 때 중언부언을 하게 되고 끝맺음의 기회를 놓치게 됩니다. 셋째는, 원고에 있는 결론 외에 부가적인 생각들이 계속 떠올라 그것을 모두 붙잡아 회중에게 들려주려는 욕심을 부릴 때, 설교의 종착역을 통과하여 실패의 늪에 주저앉게 됩니다.

그래서 유명한 설교자들은 어떤 경우에도 원고에 있는 결론대로 설교를 끝맺는 것을 원칙으로 하고 이 원칙대로 시행하고 있습니다.

❧

Q. 저는 언제나 결론에 도달하면 음정을 최고로 올리고 설교를 끝내는 습관이 있습니다. 그래서 제 설교를 듣는 회중도 제가 음정을 올리고 큰 소리를 내면 설교가 끝난 것으로 이해하는 지경에 이르렀습니다. 이런 모습에 일종의 염증 같은 것마저 느끼고 있는데요, 이 부분에 대한 좋은 조언을 부탁드립니다.

A. 결론이 설교의 정점임에 틀림이 없습니다. 그러나 높은 음정의 사용만이 설교의 정점을 이룩하는 것이 아닙니다. 설교의 정점은 진지한 저음으로도 얼마든지 이어질 수 있습니다. 설교자의 뜨거운 열정과

음정은 매우 소중한 것임에 틀림이 없습니다. 그러나 큰 소리를 지르는 것이 기계처럼 일정한 지점에서 계속 이어진다면 그것은 상습적인 버릇으로 변질됩니다. 그럴 때 그 습관은 또 하나의 매너리즘, 즉 굳어진 버릇이 되고, 타성으로 무서운 설교자의 함정이 됩니다. 이러한 경우는 원고에다가 철저히 주의를 요하는 표를 하고, 스스로를 절제(self control)하는 연습을 해야 합니다.

Q. 어떤 설교자는 그날의 설교를 요약하는 형태로 마무리하기도 합니다. 이렇게 결론의 형식을 한 가지로 고집하는 것에는 문제가 없습니까?

A. 결론의 형식에는 여러 가지가 있습니다. 그중의 하나가 앞에서 들려주었던 내용을 요약하여 다시 한 번 들려주는 방법입니다. 이 방법은 가장 오랫동안 많이 사용하고 있는 결론의 형태입니다. 그러나 이 형태가 좋은 것이지만, 기계적으로 결론마다 사용된다는 데에 문제가 있습니다. 새로운 결론의 형태가 등장한 이유도 회중을 싫증나게 할 정도로 굳어진 요약의 형태를 보완하거나 탈피하기 위함이라 말해도 과언이 아닙니다.

　다양한 문화와 문명의 이기(利器)들을 누리면서 사는 현대인들은 음식에서부터 삶의 형태까지 다양하게 엮어지기를 바라고 또 그러한 세계를 추구합니다. 설교의 결론에서도 새로운 시도를 할 때 설교의 신선미가 돋보이고 회중은 설교자에게 고마움을 느낍니다.

Q. 어떤 설교자의 경우에는 설교의 결론으로 그날의 말씀대로 살지 않게 되면 불행한 삶을 맞게 된다면서 매우 충격적인 말로 설교를 끝맺는 설교자도 보게 됩니다. 이런 충격적인 형태로 설교를 끝맺는 것에는 어떤 문제점이 있습니까?

A. 어떻게 보면 한국교회에서 자주 볼 수 있는 그런 예입니다. 흔히 그러한 형식의 설교의 끝맺음을 즐기는 설교자들은 진심으로 회중을 위한 것보다는 자신의 감정의 정화(catharsis)에 훨씬 더 비중을 두고 있습니다. 남을 명령적으로 다스리는 것을 통해 자신이 우월감과 함께 우뚝 서 있는 경험을 할 수 있을지 모르나, 상대는 언제나 위협적인 뉘앙스를 가지고 있게 됩니다. 설교는 기본적으로 Good News입니다. 위로와 격려와 아늑한 감정을 안겨주는 표현과 감각을 주는 데 노력해야 합니다. 특별히 결론은 더욱 이러한 감각을 필요로 합니다.

물론 충격적이고 경이적인 결론의 형태도 결론의 한 형식입니다. 그러나 그러한 형태는 아주 드물게 사용할 때 그 가치와 효력이 있습니다. 언제나 그러한 형태를 사용한다는 것은 메시지를 기피하는 회중으로 만드는 역효과를 나타냄에 유의하여야 합니다. 이러한 결론의 형태가 한국교회 강단에서 많이 행해졌던 것은 사실입니다. 그 이유는 회중이 지적 수준이 낮을 때 설교자에게 지휘봉을 맡기고 그의 말에 절대 순종하던 시절이 있었기 때문입니다.

어느 부흥회에 참석했는데, 그때 부흥회의 설교자가 내린 충격적인 설교의 결론이 지금도 잊혀지지 않습니다. 결론이 다음과 같이 엮어졌습니다.

"지금 여러분은 화려한 집을 가지고 잘 먹고 잘사는 사람들인데, 하나님을 예배하는 이 예배당의 꼴이 이 모양이니 어찌 복을 받을 수 있다고 생각하십니까? 지금 당장 그대들의 집을 저당 잡히든지 아니면 팔아서 예배당을 지으시오. 다른 어떤 교회도 똑같은 형편에 있기에 동일한 충고를 했는데 말을 듣지 않았어요. 특별히 부자로 사는 어느 장로는 고개를 푹 숙이고 거부반응을 보였어요. 그러더니 예배 마치고 귀가하려고 건널목에 서 있는데, 원목을 실은 트럭에서 원목이 그에게로 떨어져 밑에 깔려 죽는 것을 보았어요. 여러분도 화를 당하기 전에 하나님의 전을 먼저 세우시오."

한번쯤 음미해 보아야 합니다. 이것이 진정 하나님이 주신 메시지인지, 아니면 설교자의 위협적인 언어의 남발인지를 생각해야 합니다.

Q. 설교의 결론이 매우 중요함을 다시 한 번 깨닫게 됩니다. 설교의 결론에서 도입할 수 있는 형태들을 소개하여 주셨으면 합니다. 설교의 이론에서는 결론의 형식을 어떻게 분류하고, 그 내용들이 어떤 것들인지 들려주셨으면 하는데, 그중에서 가장 권장하실 만한 결론의 형태는 어떤 것이라고 말해 주시면 고맙겠습니다.

A. 무엇보다도 먼저 말씀드리고 싶은 것은 특정한 어떤 형태가 최선의 것이라고 말할 수 없다는 것입니다. 다음의 형태들은 모두가 장단점을 가지고 있기 때문입니다. 특별히 자신이 좋아하는 형태만을 고집하는 것은 결론의 효력을 상실하는 주원인이 됩니다. 그래서 결론의 다양성을 강조합니다.

결론에는 다음과 같은 형태들이 있습니다. 먼저는, 앞에서 다루었던 설교의 요점을 간결하게 재정리해 주는 형식입니다. 이 형식은 자신이 했던 설교의 주안점을 비롯하여 중요한 부분들을 다시 추려주는 것으로 가장 보편적이고 오랜 역사 동안 활용해 온 형태입니다. 둘째는, 앞에서 본 바 있는 경이적이고 충격적인 표현을 사용한 형식입니다. 지금은 이 형식을 사용할 때 부정적인 감각의 충격이나 놀람이 아니라 긍정적인 내용을 가지고 사용하는 것이 더욱 효력이 있습니다. 셋째는, 하나님이 사랑하는 백성들에게 위로와 격려를 주시는 결론입니다. 위로와 격려의 하나님을 개인이 만나도록 하는 결론으로서 이 시대에 제일 많이 활용하고 있습니다. 넷째는, 시나 경구를 사용하는 형태입니다. 시는 회중의 감성을 두드리고 그 감성이 하나님과 만남을 갖게 하는 효과를 거둡니다. 그러나 결론에서 사용되는 시의 길이와 내용은 설교자가 새롭게 손질하여 간결하게 끝맺어야 함을 잊어서는 안 됩니다. 다섯째로, 하나님이 복의 주관자로서 회중이 필요한 복을 내려주심을 밝히는 결론의 형식입니다. 여기서 유의해야 할 문제는 표현의 문제입니다. 다음의 예문에서 그 차이점을 보게 됩니다. 첫 예문은 설교자가 축복을 하는 잘못된 표현이고, 둘째는 하나님이 복을 주시는 바른 표현입니다. 설교자는 기도하는 순간에 상대를 위하여 복을 비는 축복기도를 할 수 있으나, 설교에서는 축복을 할 수 없습니다. 오직 말씀만을 전할 뿐임을 명심해야 합니다.

"오늘도 여러분의 가정에서 언제나 하나님의 말씀을 중심하여 살

　아가시어 하나님의 축복을 가득히 받으시길 축원합니다."

"오늘도 여러분의 가정에서 언제나 하나님의 말씀에 순종하고 살

아가실 때 하나님은 여러분이 이 땅에서 누려야 할 복을 가득히 내려주십니다."

여섯째로, 하나님의 명령과 교훈으로 설교의 결론을 맺는 형식입니다. 예를 들면, "하나님께서는 오늘 우리들에게 ……할 것을 다시 한 번 명령하십니다.", "우리 주님은 한 번 더 십자가의 사랑을 보여주고 계십니다." 이렇게 직접 성삼위 하나님의 교훈과 사랑의 모습을 다시 한 번 보여주는 형태가 효과적이라 하겠습니다.

언제부터인가 한국교회 강단에서 결론의 말미에 "주의 이름으로 축원합니다.", "주님의 이름으로 부탁합니다." 등의 표현으로 결론의 끝을 맺는 것을 봅니다. 이러한 표현에 대해서 이제는 무감각하게 지나가게 되는데, 이것이 과연 좋은 표현인지 궁금합니다. 이런 말 대신 바람직한 표현으로는 어떤 것이 좋은지요?

A. 대한예수교장로회 통합측 총회는 1981년 65회 총회에서 "주님의 이름으로 축원합니다."라는 말을 사용하지 못하도록 결정을 했습니다. 그러자 이제는 "주님의 이름으로 부탁합니다." 하고 변형해서 표현하느라 애를 많이 쓰는 모습을 발견하기도 합니다. 이렇게 좋은 표현을 사용하지 못하는 이유는 설교자가 자신의 정체성에 대해 올바로 자각하지 못하기 때문입니다. 자신의 분명한 위치를 알게 되면 그렇게 표현하지 못합니다. 설교자는 내가 부탁하고, 내가 생각하고, 내가 축원하는 존재가 아닙니다.

오직 하나님의 말씀만 운반하는 존재가 설교자입니다. 그래서 결론의 한 형식으로 말씀드린 대로, "하나님이 ~하십니다.", "주님이 ~가르치십니다.", "성령님이 ~역사하십니다."라고 사실만 전해야지, 설교자가 개입해서 내가 생각하고 내가 축원하는 것은 말씀의 사자가 할 말이 아닙니다. 설교는 기도의 행위가 아닙니다. 이것은 여러 번 강조했습니다. "축원합니다.", "부탁합니다."를 쓰고 싶을 때는 다음과 같은 표현으로 바꾸심이 좋습니다. "하나님은 여러분이 ~하시기를 원하십니다.", "우리 주님 예수님은 여러분이 ~되라고 가르치십니다.", "성령님은 오늘도 우리가 ~되기를 원하십니다."

그리고 또 하나 중요한 부탁은 결론을 맺고 맨 마지막 문장으로 그날의 설교를 가장 잘 함축하고 있는 본문이나 기타의 성경말씀을 다음과 같이 읽으라는 조언입니다. "여기 우리에게 들려주시는 하나님의 말씀이 있습니다. ~ (성경 본문) ~ 하나님의 말씀입니다."

그런데 명심해야 할 것은 이렇게 마치고 다시 사족을 붙이면, 또다시 설교가 재개됨을 알아야 합니다. 깨끗하게 "하나님의 말씀입니다. 기도합시다." 하고 설교를 끝내야 합니다.

대화의 함축된 의미들

말씀드린 대로 설교의 성패는 결론이 어떻게 맺어지느냐에 따라 결정된다. 아무리 서론에서부터 성공적인 시작을 해서 엮어왔다고 해도 마지막 종착역인 결론에서 잘 마무리 짓지 못하면 성공적인 설교가 될 수 없다. 누구나 그런 경우를 많이 보게 된다. 그래서 자신 있게 말할 수 있는 것은 결론이 간결해야 한다는 사실이다. 결론에서는 잡다한 설명이 다시 필요 없다. 어떻게 간단하게 축약하고, 의미를 함축하느냐가 중요하다. 이 종착역을 벗어나서 곁길로 가면, 그때는 헤어날 수 없는 늪에 빠지게 된다. 한 번 더 결론에서 내가 누구냐는 정체성을 정립해야 한다. 내가 하나님의 말씀을 그대로 전하는 도구라고 생각하면, 거기에 개입할 필요가 없고, 내가 축원하고 기원할 필요가 없다. "우리 주님은 ~을 요구하십니다.", "우리 주님은 십자가에서 용서를 선언하십니다." 하고 오늘 본문의 말씀을 읽고 "하나님의 말씀입니다. 기도합시다."라고 하면 얼마나 간결하고 함축적일까. 설교의 결론에서부터 신선한 바람이 불었으면 하는 것이 설교를 듣는 사람들의 진정한 바람이다.

한국교회 설교 사역자와
언어에 대한 관심

18 한국교회 설교 사역자와 언어에 대한 관심

Q. 저는 대학에서 국어국문학을 전공한 평신도입니다. 제가 매우 놀라고 있는 것은 한국의 설교자들이 자신이 사용하고 있는 나라의 말에 아주 무관심하다는 사실입니다. 절대다수의 설교자들이 아무런 노력을 기울이지 않으며 언어를 구사하고 있다는 점에 실로 놀라지 않을 수 없습니다.

설교를 가르치고 있는 신학교의 설교학 강의실에서도 여기에 대한 깊은 관심을 기울이지 않고 있다는 현실을 보고서 큰 실망을 하고 있습니다. 이러한 문제에 대하여 교수님께서는 어떻게 생각하시는지 듣고 싶습니다.

A. 매우 당연한 말씀입니다. 저는 설교학 교수로서 이 점에 대하여 많은 반성을 하면서 하루하루를 보내고 있습니다. 초반의 10여 년 동안은 우리말 연구에 몰두할 시간도 없을 뿐만 아니라 아는 것이 부족하여 이 중요한 부분을 상세히 다루지 못하고 예사로 보아 넘기는 오류를

범했습니다. 부끄러운 10년의 세월이었습니다.

그 후 저는 우리의 설교 현장에서 설교자의 모습과 생각과 지식만이 보일 뿐, 진정 찾고 있는 하나님이 주시는 말씀이 보이지 않는 현실을 발견하였습니다. 그때부터 그 원인을 규명하기 위하여 많은 노력을 기울였습니다. 그중에 가장 큰 두 가지의 문제를 찾아냈습니다. 하나는 설교자들이 설교가 무엇인지를 정확하게 교육을 받지 못한 채 선배 목사들의 설교를 그대로 모방하거나 자신이 창작한다는 사실이었습니다. 두 번째는, 우리나라 말을 사용하는 데 깊은 관심을 기울이고 있지 않다는 점이었습니다. 이때부터 저는 깊은 고민에 빠지게 되었습니다. 문제는 저 자신이 우리나라 말을 정확하게 사용하는 데 별 관심을 두지 못하고 있었다는 것이어서 부끄러움을 금할 수가 없었습니다.

그때부터 설교자가 실수를 범하기 쉬운 우리말 사용에 관심을 기울이기 시작했습니다. 세상을 떠나신 이오덕 선생의 「우리 글 바로쓰기」를 비롯하여 많은 책들을 보게 되었습니다. 그때부터 우리 설교자들이 시급히 고쳐야 할 언어문제들을 찾기 시작하였고, 문제가 되는 표현들은 바로 설교학 강의실에서 신학생들에게 전달되었습니다. 생각하면 참으로 모순이 많습니다. 한국인인 설교자들이 한국인에게, 한국에서, 한국말로 설교해야 하는데도 자신들이 사용하는 말에 대한 교육을 제대로 받지 못하고 있다는 것은 실로 부끄러운 일입니다. 언어는 설교의 가장 유용하고 소중한 도구입니다. 그러므로 여기에 대한 관심과 교육은 설교자들에게 필수적이라는 말씀을 드립니다.

Q. 저는 설교와 언어에 대하여 깊은 관심을 가지고 있을 뿐 전문적으로 연구해 본 사람은 아닙니다. 이 분야의 연구나 글이 부족함에 늘 아쉬움을 갖고 있습니다. 우선 일차적으로 설교자로서 정리하고 있어야 할 언어의 정의를 듣고 싶습니다. 그리고 그 언어와 인간사회의 관계성도 듣고 싶습니다.

A. 언어에 대한 사전적 의미는 의식이 있는 인간이 가지고 있는 생각이나 느낌을 음성 또는 문자로 전달하는 수단 및 체계라고 말합니다. 인류가 다른 동물과 구별되는 특징 중에 가장 큰 것이 바로 언어입니다. 지구상에 어떤 인종이라도 문명의 발달 유무에 관계없이 언어를 가지고 있습니다. 반면 어떤 고등동물이라도 인간과 같은 언어의 수준을 유지하지 못합니다. 인간만이 다른 동물이 가지고 있지 않은 언어습득의 선천적인 능력을 가지고 태어납니다. 어느 보고서에 의하면, 이러한 문제의 해답을 얻기 위하여 침팬지의 새끼를 갓 태어난 아기와 함께 같은 환경에서 길러 보았으나, 침팬지는 언어를 전혀 습득할 수 없었고, 유아는 언어교육을 시키지 않았는 데도 언어를 습득했다고 합니다.

뿐만 아니라 언어가 있었기에 인류가 다른 동물보다 복잡하고 차원이 높은 사회생활을 지탱하고 문명을 발달시켜 오게 되었습니다. 즉, 이 언어를 통하여 자신의 경험과 연구를 타인에게 전하게 되고 조직 사회의 모든 계약관계를 지탱하게 됩니다.

여기서 우리 설교자들은 인간의 언어는 창조주로부터 받은 특수한 은혜임을 다시 한 번 확인하게 됩니다. 이 언어를 가지고 인간은 하나님과 커뮤니케이션을 이룩합니다. 하나님은 바로 이 언어를 이용하여 하나님의 나라와 의를 이 땅 위에 펼치셨고, 말씀이 육신이 되어 인간 세계를 찾아오시는 놀라운 사역을 하셨습니다. 바로 이 복음을 전하는 데 언어는 가장 소중한 도구로 활용되고 있습니다.

⸻ ❦ ⸻

Q. 언어는 일반적으로 입과 귀를 통하여 소통되는 언어와 활자를 통하여 의사를 소통하는 언어가 있습니다. 이 두 언어의 장점과 단점을 분석해 주셨으면 합니다. 그리고 설교자들은 어떤 언어를 주로 설교에서 활용해야 하는지를 말씀해 주셨으면 합니다.

A. 인류가 사용하는 언어는 음성언어(音聲言語: 口語)와 문자언어(文字言語)로 분류합니다. 음성언어는 입을 통하여 나오는 소리를 기호로 사용하고, 그 기호는 상대의 귀에 들려짐으로 의사를 소통하게 됩니다. 이것은 보통 언어로서 생활 가운데 가장 보편적으로 사용됩니다. 문자언어는 음성언어에 담긴 내용과 그 의미를 상징하는 사회적 관습에 따라 생성된 부호, 즉 문자로 나타내는 언어입니다.

전자의 음성언어는 시간상으로 한번 나오면 바로 사라져 버립니다. 지금은 각종 전자기기를 사용하여 그 언어를 보관할 수 있는 방법도 있습니다. 그러나 근본적으로 음성언어는 단회적으로 사용됩니다. 음성언어는 문자언어가 가지지 못하는 억양을 비롯하여 감정표현을 나타낼 수가 있습니다. 반면에 문자언어는 음성언어보다 논리적이고 잘 다듬어진 표현을 할 수 있습니다. 생각하는 바를 섬세하게 표현하고, 시간과 장소의 제약을 받지 않고 이어갈 수 있습니다.

저는 미래의 설교자들에게 음성언어의 장점과 문자언어의 장점이 접합된 언어를 사용할 것을 늘 강조합니다. 일상생활에서 사용되는 음성언어만을 가지고 설교를 하는 설교자들을 볼 때마다 늘 안타까운 부분은 그들의 언어 수준이 너무 낮다는 것입니다. 비록 감정의 표현은 풍부하지만, 그 입을 통하여 나오는 언어는 회중의 관심을 불러일으키지 못합니다. 매주 십여 회 정도씩 단에 서야 하는 한국의 설교자들에게서 매일 듣는 말의 표현이 일정합니다. 거의가 메모만 가지고 올라와 음성언어로 지탱하기 때문입니다. 그러나 설교자들이 음성언어로 해결할 수 없는 수려한 문장으로 메시지를 구성하여 그 원고를 읽는 것이 아니라 음성언어처럼 구사할 수 있기를 바랍니다. 그럴 때 회중은 듣기에 편하면서도 메시지의 수준 있는 표현과 전개에 귀를 열게 됩니다. 그래서 이러한 두 언어의 세계를 설교자들이 모두 소유하고 활용해야 한다는 것이 저의 주장입니다.

Q. 우리의 언어를 사용해야 하는 설교자로서 저는 우리의 언어의 줄기에 대하여 알고 싶습니다. 이 세상에 현존하고 있는 언어의 수는 얼마나 되며, 그 어족들은 어떻게 분류되는지 알고 싶습니다. 그리고 우리 언어는 어느 어족에 속하는지요?

A. 저는 언어학자는 아닙니다. 저 역시 이러한 질문을 예상하면서 전문서적을 찾아보았습니다. 그 기록에 의하면, 이 지구상에 말해지고 있는 언어의 개수는 정확히 밝혀져 있지 않다고 합니다. 대체로 2,500~3,000개로 추정하고 있다고 합니다. 그리고 많은 언어가 근원이 되는 하나의 언어가 있어 이를 조어(祖語)라 부르고, 거기서 갈려나간 언어들

을 어족(語族)이라고 부릅니다. 그런데 상당히 많은 언어가 계통을 밝힐 수 없는 고립어(孤立語)로 분류되고 있습니다. 동일한 계열의 언어로 분석된 어족들은 다음과 같습니다.

영어, 독어, 불어, 이태리어, 덴마크어 등이 들어 있는 인도유럽 어족이 있으며, 러시아어, 그리스어, 힌디어, 폴란드어 등이 포함된 슬라브어 어족이 있고, 핀란드어, 에스토니아어, 헝가리어 등이 있는 핀우그르 어족이 있습니다. 중국어, 버마어, 타이완어, 티베트어 등이 속해 있는 시노티베트 어족이 있습니다. 그리고 우리 언어의 계열이라고 불리는 알타이어족으로서 터키어, 몽골어, 만주퉁구스어가 여기에 속합니다. 이상의 분류는 인류 언어의 큰 줄기를 이루는 부분만 분석해 놓은 것들입니다.

 언어가 갈라진 바벨탑의 사건이 무척 원망스럽기도 합니다. 세계가 한 언어로 통용될 수 있었다면 복음의 세계화가 매우 쉬웠으리라는 아쉬움도 가져봅니다. 여기서 우리 언어가 가지고 있는 특수한 현상이 무엇이며, 우리 설교자들이 특별한 관심을 가져야 할 부분이 어떤 것이라고 생각하십니까?

A. 예, 저도 시날 평지에서 발생된 언어의 비극을 생각해 볼 때가 많습니다. 하나의 언어를 사용하던 그 시절이 바벨탑 사건으로 무너지게 된 것은 인간의 교만을 무너뜨리기 위한 하나님의 역사였지만, 언어의 장벽에 시달린 많은 사람들에게는 아쉬운 부분임에 틀림이 없습니다.

이제 우리는 돌이킬 수 없는 바벨탑 사건을 쳐다볼 필요가 없습니다. 지금 당장 우리 언어가 하나님의 말씀을 선포하는 설교의 장에서 어떻게 정확하게 사용되어 효과를 가져올 것인지에 깊은 관심을 가져야 하겠습니다. 여기서 한국어를 사용하는 한국 설교자들이 눈여겨보아야 할 부분은 어순(語順)의 문제입니다. 한국어나 일본어와 같은 언어는 주어-목적어-동사로 구성된 언어(S-O-V language)입니다. 그리고 영어, 독일어와 같은 언어는 주어-동사-목적어 언어(S-V-O language)로 구성되어 있습니다.

여기서 어순을 이야기하는 직접적인 동기는 주어의 문제입니다. 우선 손쉽게 영어의 세계를 봅시다. 그 언어에서는 주어가 없는 말이나 문장은 성립될 수 없습니다. 명령어나 그 외 'Thank You'와 같은 특수한 표현을 제외하고는 주어의 사용은 필수적입니다. 그래서 말하는 주체가 누구인지를 분명하게 드러냅니다. 그래서 진행된 말이 누구의 말인지를 듣는 사람이 문장의 첫마디부터 정확하게 이해하게 됩니다.

그런데 우리말에는 주어가 분명하지 않습니다. 어떨 때는 구사하고 있는 말을 다 들은 다음에야 말의 주체를 알게 되는 경우가 많습니다. 윤태림의 『한국인』이라는 책에는 다음과 같은 말이 있습니다.

> 우리말에서는 그것이 단수인지 복수인지, 남성인지 여성인지 분간하기 힘들 뿐만 아니라 말이나 대화의 전체를 파악하지 않으면 그것이 누구를 의미하는지 잘 알 수 없을 때가 많다. 이것은 사고가 어떤 객관적인 것을 대상으로 하지 않는다는 것, 주체에 대한 의식이 박약하다는 것을 의미한다.

우리나라가 외국문화에 문을 열지 않고 영어와 같은 언어와의 접촉을 하지 않을 때는 우리 언어의 모순된 부분을 잘 몰랐습니다. 그러나 전혀 다른 종류의 언어들을 접하면서 비교를 하게 되고, 그 우월함이나 열등함을 쉽게 알게 됩니다. 우리말의 우수성은 많은 언어학자들이 인정하고 있습니다. 그러나 설교를 통한 하나님의 메시지를 전하는 데 있어서 유의해야 할 부분이 바로 이 부분입니다.

인도유럽 어족인 영어와 같은 언어는 주어를 중심하여 술어가 변형됩니다. 예를 들어, 'I'라는 주어에는 'am'이 따르고, 'You'라는 주어에는 'are'라는 술어가 따릅니다. 즉, 주어를 중심으로 거기에 필요한 술어가 따릅니다. 그러나 우리 언어는 술어 중심입니다. 술어를 들어보고 난 후에야 그것이 누구의 말인지를 알게 됩니다. 그런데 문제는 주어의 생략이 너무 심합니다. 그리고 그 생략이 우리의 일상생활에는 오히려 자연스럽습니다. 예를 들어, 남편이 출장을 다녀와서 아내를 보자 "여보! 나는 당신이 몹시 보고 싶었습니다."라는 말보다는 "여보! 당신이 몹시 보고 싶었습니다."가 훨씬 자연스럽습니다. 귀여운 아이가 엄마를 껴안으면서 "엄마! 나는 엄마를 사랑해." 하는 것보다 "엄마! 사랑해."라고 말하는 것을 훨씬 많이 듣게 됩니다. 정다운 그 말에서는 일인칭 단수인 주어를 전혀 밝히지 않았는 데도, 그 말을 다 듣고 난 다음에 그 주체가 누구인 줄을 쉽게 알게 됩니다. 그러나 영어로 직역하여 보십시오. "Honey! missed you.", "Mom! love you."라는 문장 아닌 문장이 되어 전혀 들어볼 수 없는 표현이 됩니다.

위의 예문에서 본 대로 주어의 생략은 우리 언어의 특성입니다. 그런데 이러한 특성을 설교에서 사용할 때는 문제가 달라집니다. 여기에 대한 좀 더 구체적인 이야기는 다음 주제에서 이어가도록 하겠습니다.

대화의 함축된 의미들

언어란 설교 사역에 있어서 첫째가는 도구이다. 이 도구가 바르게 사용되지 않을 때, 설교는 심각한 손상을 입는다. 설교자는 무엇보다도 바른 말을 사용하는 데 일차적인 관심을 기울여야 한다. 말은 한 인간의 지각과 감정과 정서를 표현하는 소중한 통로이다. 이 통로가 잘못 잡혀 있을 때, 회중과의 만남은 늘 곡절을 겪게 된다. 그 의미의 전달부터 어지럽게 얽히어간다.

그래서 설교인은 자신이 사용하는 언어에 대해 깊은 관심을 기울여야 한다. 자신이 사용한 언어가 설교에서 바르게 효과적으로 사용되는지 엄격하게 살펴보아야 한다. 특별히 음성언어와 문자언어의 장단점을 구별할 줄 알고 상호 보완의 묘를 살리면서 메시지를 전달해야 한다. 오늘도 많은 설교단에서는 저질의 어휘들이 남발되는 경우가 많이 보인다. 자신이 구사하는 언어에 아무런 관심을 기울이지 않는 설교들을 흔히 본다. 반면에 어떤 강단에서는 학술용어로 가득한 문장언어로 이어지는 설교를 하여 회중과의 심각한 거리감을 느끼게 한다.

언어의 효과적인 사용은 바로 충성된 말씀의 종들이 눈과 귀를 크게 열어 살펴야 할 필수적인 과제이다.

IT 시대에 설교자가 알아야 할
커뮤니케이션의 신학적 이해

19 IT 시대에 설교자가 알아야 할 커뮤니케이션의 신학적 이해

Q. 우리가 살고 있는 시대를 가리켜 정보기술(information technology, IT) 시대라고 말합니다. 흔히들 IT 시대라고 말합니다. 우선 이 말에 대한 의미를 말씀해 주셨으면 합니다.

A. 한국은 좁은 땅에 인구 밀도가 높아 인터넷 문화의 형성에 급진전함으로 세계에서 가장 으뜸가는 IT 시대를 구가하고 있습니다. 원래 이 말은 Information Technology의 약자로서 정보기술로 번역되어 사용되고 있습니다. 이 말은 단순히 인터넷만을 지칭하는 말이 아닙니다. 원래 이 말은 많은 정보 가운데에서 기업 경영에 도움이 되는 필요한 정보를 정확하고 신속하게 수집, 선택하기 위한 정보의 체계화를 전문적으로 연구하는 이론과 기법을 가리킨 말이었습니다.

그러나 최근에 이르러서는 디지털 문화의 보급과 더불어 인터넷이나 기타 모든 전자 기기들의 개발과 함께 첨단을 달리는 시대를 지칭하는 말로

통용되고 있습니다. 여기서 하나 유의해 주셔야 할 것은 이러한 IT 시대의
바탕이 되는 언어와 이론은 커뮤니케이션입니다. 먼저 커뮤니케이션의 이
론적인 이해가 정립되어야 IT 시대의 의미와 그 실용성을 좀 더 깊이 알 수
있습니다. 특별히 언어를 주된 방편으로 사용하는 설교자들에게는 더욱 필
요한 것이 커뮤니케이션의 세계입니다.

Q. 설교자의 한 사람으로 제가 시급히 알고 싶은 것이 바로 커뮤니케
이션의 이론입니다. 교회 안팎에서 일찍부터 사용해 온 용어이지
만, 막상 간결한 설명을 하지 못할 때가 많습니다. 우선 커뮤니케이션
(Communication)의 정의를 듣고 싶습니다.

A. 매우 유용한 질문을 하셨습니다. 실질적으로 커뮤니케이션이라
는 용어는 많이 사용하면서도 그 용어에 대한 정확한 이해가 매
우 부족함을 많이 보게 됩니다.

원래 커뮤니케이션(Communication)이라는 어원은 '공통'(Commonness)이라
는 의미를 갖고 있는 라틴어의 '코뮤니스'(Communis)라는 말에서 그 뿌리를
찾을 수 있습니다. 그래서 커뮤니케이션은 지식, 경험, 정보, 사상, 신앙 등
을 함께 공유(共有-sharing)하는 것을 의미합니다. 단순하게 나의 생각하는
바를 상대에게 들려주는 차원이 아니라, 자신이 주고자 하는 메시지를 나
와 상대가 함께 소유하는 것을 말합니다. 다음의 단어들을 보시면 그 이해
가 빠를 것입니다. 공동체(Community), 공산주의(Communism), 상식(Common
sense) 등의 단어가 무엇을 의미하는지를 자세히 보십시오. 거기에는 한 사

람이 무엇을 독점적으로 소유하고 있는 것이 아니라, 모두가 함께 공유하는 의미를 밝혀 주고 있습니다.

예를 들어, 우리가 기독교 신앙의 개념을 다른 사람들에게 제시한다고 할 때, 우리는 그들이 우리와 공통의 신앙을 소유하기를 바라고, 또 하나님과의 살아있는 교제를 함께 나누기를 희망합니다. 다시 말하면, 커뮤니케이션이란 무엇을 넘겨주는 단순한 행위가 아니라, 자신이 말하고자 하는 내용을 상대와 더불어 소유하는 것을 의미합니다. 최근에는 커뮤니케이션을 소통(疏通)이라는 말로 이해하기도 합니다.

Q. 그러면 언어를 구사하면서 그 언어를 들어줄 수 있는 대상이 존재해야 커뮤니케이션은 이룩된다고 보아야 하는지요? 언어라는 매개체가 없이는 커뮤니케이션의 의미가 돋보이지 않는 결과를 가져올 것처럼 생각이 듭니다. 예를 들어, 글을 통해서도 커뮤니케이션은 이룩될 수 없는지요?

A. 아시는 대로 언어는 음성언어와 문자언어가 있습니다. 인간사회에서는 이러한 도구가 가장 기본적인 도구임에는 틀림이 없습니다. 그러나 커뮤니케이션은 나와 다른 사람과의 1:1의 관계에서만 이룩되는 것은 아닙니다. 자신과의 관계를 비롯하여 자연과의 관계에 이르기까지 커뮤니케이션의 범위는 실로 넓습니다. 다음의 예를 보시지요.

어느 설교자에게 있었던 며칠 동안의 삶의 내용입니다. 하나님 앞에 겸손히 머리 숙여 기도합니다. 기도의 내용은 어떤 본문을 통하여 오는 주일에 무슨 메시지를 주실 것인지를 묻고 그 답을 얻고자 하는 것입니다. 이 시간은 하나님과의 커뮤니케이션의 시간입니다. 기도 끝에 본문을 확정하고 그 말씀의 석의작업에 들어가서 많은 종이책이나 전자책들을 봅니다. 이 시간은 인쇄매체 또는 전자책과 같은 전자매체와의 커뮤니케이션을 하는 시간입니다. 메시지가 작성된 다음에 자신이 이 메시지를 전할 수 있도록 정결한 몸인지를 심각하게 점검합니다. 이 시간은 자신과의 커뮤니케이션을 하는 시간입니다.

설교 준비가 다 끝난 토요일 오후 가족들과 공원을 산책하면서 대화를 나눕니다. 이것은 가족과의 커뮤니케이션을 하는 시간입니다. 주일예배에 드디어 말씀을 회중에게 선포합니다. 이 시간은 메시지를 가지고 회중과의 커뮤니케이션을 하는 시간입니다.

이처럼 커뮤니케이션이란 어느 특정한 매체나 환경이나 수단에 한정된 것이 아닙니다. 언제 어디서나 인간은 커뮤니케이션의 무대 위에서 활동하게 됩니다. 아름다운 자연을 보면서 창조주 하나님을 찬양하는 그것도 자연을 통하여 하나님의 창조의 질서와 신비의 메시지를 공유하게 되는 귀한 커뮤니케이션의 한 장면입니다. 사실 인간이란 삶 그 자체가 모두 커뮤니케이션의 사고와 행위를 지속하면서 삶을 영위하게 됩니다.

교수님께서는 그리스도교의 커뮤니케이션을 다룬 책을 번역하시고 그 이론을 강의하신 것으로 기억하고 있습니다. 그 책을 다시 한 번 소개해 주시고, 그 책에서 주장한 그리스도교의 커뮤니케이션 신학의 이론적 바탕을 먼저 듣고 싶습니다.

A. 그렇습니다. 설교학 교수로서 한국교회에 시급히 소개해야 할 책들이 많았습니다. 그중에서도 설교자들이 알아야 할 가장 기본적인 책으로서 1985년에 웨버(Robert Webber) 교수의 『그리스도교 커뮤니케이션』을 번역한 바 있습니다. 그 책에서 저는 다음과 같은 그리스도교 커뮤니케이션의 신학적 접근을 새롭게 이해하게 되었습니다.

흔히들 커뮤니케이션이란 인간의 효과적인 의사전달을 위한 기술적인 개발의 산물로 이해하려는 경향이 있습니다. 그러나 커뮤니케이션의 근본 원리는 인간이 창안한 이론의 결실이 아닙니다. 이것은 성삼위 하나님의 창조의 역사와 그 계시의 과정에서 일찍이 사용된 방편(Means)이었고, 이 방편은 오늘도 그의 나라와 의를 펼치는 도구로서 소중하게 사용되고 있음을 보게 됩니다.

웨버의 주장대로 하나님은 커뮤니케이션의 궁극적인 기초(The Ultimate Basis for Communication)임을 쉽게 볼 수 있습니다. 하나님의 삼위일체의 위격들이 서로 함께하면서 인격적이고 관계적인 방법으로 친밀한 사이를 유지하면서 공통적인 신적 성격을 공유하는 것에서부터 커뮤니케이션의 바탕을 찾을 수 있습니다. 즉, 성경에서 표현되는 성부, 성자, 성령의 위격의 교류는 하나님은 관계의 하나님이시며, 따라서 그 본질상 커뮤니케이션에 의해서 특정지어지는 분이라는 결론을 내리게 됩니다. 이러한 분석은 오르(James Orr)의 표현대로 하나님 자신이 커뮤니케이션의 주체로서 창조와 구속의 역사가 바로 '성삼위 상호간의 완전한 교제 안에서 이룩되었다는 것'을 알게 됩니다. 그리고 하나님은 이 완전한 교제의 본성을 피조물인 인간과의 관계를 유지하는 데 활용하고 있음을 보게 됩니다.

이러한 속성의 주체이신 하나님이 그의 형상대로 만든 인간은 필연적으로 하나님의 커뮤니케이션의 대상이 될 수밖에 없습니다. 이러한 사실은 성경의 66권 전체가 보여주는 하나님과 그의 백성과의 관계성에서 명백하게 나타나고 있습니다. 즉, 하나님의 명령과 인간의 응답이 때로는 순조롭게, 때로는 역겹게 이어지는 것 자체가 하나님과 그 피조물과의 커뮤니케이션이 이어지고 있다는 표현입니다.

그 구체적인 실례로 인간의 타락과 에덴에서의 추방은 모두가 하나님과 그의 형상대로 만든 인간과의 커뮤니케이션의 단절에서 발생되었다는 사실을 볼 수 있습니다. 그리고 지금도 하나님과의 어떠한 소통도 거부하고 독자적으로 공중 권세를 펼치면서 파멸을 즐기는 사탄의 존재와 그 권세를 하나의 실례로 들 수 있습니다.

그리고 가장 분명한 실례는 하나님과의 막혀진 담을 헐고 본래적인 소통의 관계성을 회복하기 위하여 육신의 몸을 입으시고 이 땅을 찾아오신 예수 그리스도가 처절한 희생의 제물이 되면서까지 자신의 뜻을 보여주신 구원의 사건에서 찾을 수 있습니다. 즉, 하나님의 깊은 사연과 커뮤니케이션이 되어 그 뜻을 이해하고 수용하고 자신의 것으로 공유한 사람은 다시 하나님과의 관계성을 회복하여 구원에 이른다는 진리가 커뮤니케이션 신학의 절정을 이룹니다.

❦

Q. 저는 커뮤니케이션의 신학적 접근이 이토록 깊은 의미를 가지리라고는 미처 생각을 못했습니다. 커뮤니케이션의 입장에서 볼 때, 그리스도이신 예수님의 십자가 사건도 모두가 하나님과 인간 사이에 막힌 커뮤니케이션의 담을 무너뜨린 거대한 사역이었음을 다시 이해하게 됩니다.

말씀을 들으면서 알고 싶어진 것이 있습니다. 그것은 하나님께서 오늘의 시점에서 이 커뮤니케이션을 어떻게 활용하기를 원하시며, 이것이 오늘의 설교 사역과 어떤 관계를 맺어야 하겠는가를 듣고 싶습니다.

A. 성경의 모든 기록이 하나님께서 인간을 통하여 인간에게 오늘도 선포의 사역을 감당하게 하고, 길과 진리와 생명에 이르는 성공적인 커뮤니케이션을 시도하고 있음을 알게 합니다. 여기에서 깊은 주의를 요하는 것은 성경의 커뮤니케이션은 말하는 존재의 부상이 목적이 아니라, 그 매체를 이용하는 메시지의 주체자의 뜻이 명백하게 전달되고 나타나야 한다는 특유한 요구를 접하게 된다는 점입니다. 이러한 위대한 뜻의 성취를 위하여 하나님은 역사와 언어와 환상과 성육신의 형태를 통하여 인간과의 커뮤니케이션을 시도하셨습니다. 그리고 하나님은 이러한 커뮤니케이션의 방편을 과거의 것으로 거두지 않으십니다. 오히려 오늘의 말씀의 사역자들인 설교자들에게 이러한 커뮤니케이션을 통하여 세상에서 그의 말씀이 전파되도록 명령하신다는 사실을 설교자 모두가 재확인해야 합니다.

대화의 함축된 의미들

인간이 고등동물로서 인정을 받는 것은 사고의 수준이 우월하다는 것과 그 사고는 언어를 비롯한 각종 매체를 통하여 커뮤니케이션을 할 수 있다는 데에 있다. 특히 하나님은 인간과의 파괴된 커뮤니케이션을 회복시키기 위하여 그리스도이신 예수님을 보내시어 하나님과 인간 사이에 막혔던 담을 십자가의 사건으로 허무셨다.

하나님은 이러한 위대한 역사를 진행하시고, 이어서 하나님의 말씀을 가지고 이 땅의 인간들과 커뮤니케이션하기를 원하신다. 바로 이 지점에서 설교자에게 중요한 역할이 주어진다. 하나님이 주시기를 원하는 메시지를 설교자를 통하여 회중이 공유해야 하는 문제이다. 이 문제가 바로 설교의 성패를 가름하는 소중한 원칙이 되어야 한다. 설교라는 도구를 이용하여 전해지는 메시지가 회중의 가슴에 함께 공유되었을 때, 비로소 거기에 하나님이 원하시는 커뮤니케이션이 이룩되었다는 것을 확신하게 된다.

가까이에 있는 설교자의
성공적인 커뮤니케이션

20 가까이에 있는 설교자의 성공적인 커뮤니케이션

Q. 지난 주제에서 다룬 커뮤니케이션에 관하여 드리고 싶은 질문입니다. 말씀하신 대로 현대는 첨단의 커뮤니케이션 시대라고 합니다. 시대를 예민하게 관찰하는 사람들은 교회가 세상의 급속한 변혁의 물길이 통과하는 한 모퉁이에서 알 수 없는 언어로 혼자서 떠들고 있는 초라한 모습을 보이고 있다고들 합니다. 이 시대에 아무런 영향력을 미치지 못하는 시대에 뒤떨어져버린 하나의 기구나 제도로 머물러 있게 되는 버려진 모퉁이 돌이 될 수밖에 없다는 싸늘한 반응을 보일 때가 많습니다. 여기에 대하여 교수님의 생각은 어떠신지요?

A. 좋은 비판입니다. 오늘의 예리한 비판이 새로운 내일에 도움이 된다는 평범한 진리를 수용합니다. 그렇습니다. 미래를 염려하는 설교 사역자들은 말씀하신 저항을 마음에 두면서 "지금 교회의 메시지는 어떠한가?", "나의 설교는 제대로 준비되고, 전해지고, 들려지고 있는가?"라는

질문을 던지지 않을 수 없는 시점입니다.

시대의 변천에 관심을 가지고 관찰해 보면 최근에 이르러 인간의 커뮤니케이션 과정에 관한 여러 가지 새로운 연구와 관심이 이미 부각되어 있습니다. 세상은 벌써부터 이런 커뮤니케이션에 대한 새로운 정보와 지식들을 자신의 전유물로 삼기에 민첩했으며, 그 결과로 우리의 공간들은 좁지만 이해하기 쉽고, 단번에 우리의 시선을 끄는 수없이 많은 판매광고와 슬로건으로 가득 차 있습니다.

그러나 문제는 지금까지 교회가 이러한 커뮤니케이션 분야를 얼마나 새롭게 이해하고 그것을 어느 정도 이용해 왔는가 하는 점입니다. 우리가 '교회'라고 할 때, 그 일차적인 책임은 주로 교회 안에서 부름 받은 존재로서 책임을 지고 있는 목회자들에게 있습니다. 이 목회자들은 설교 사역을 우선적인 방편으로 삼아 교회를 이끌어 왔으며, 거기에서 교회의 질서와 발전을 기대하고 있습니다. 다시 말하면, 목회자들의 일차적인 과제는 바로 기독교 신앙의 커뮤니케이션에 관한 문제입니다.

이러한 문제들을 인정하면서 반성적인 차원에서 점검해 보면, 지금까지 한국교회 설교 사역자들이나 교회학교(메시지를 전하는 현장) 전달자(설교자 또는 교사)들, 직원들, 교인들, 그리고 목회자들이 기독교 복음의 커뮤니케이션을 위한 전문가가 되기 위해 얼마나 노력해 왔는가를 묻지 않을 수 없습니다. 그리고 교회가 커뮤니케이션 분야에서 이 세대에게 남겨준 것은 무엇이며, 이룩해 놓은 것은 무엇인가를 스스로에게 질문하면서 부끄러움을 느끼게 됩니다.

조지 갤럽(George Gallup)과 에반 힐(Evan Hill)이 최근에 미국의 젊은이들을 대상으로 교회에 관한 의식을 조사한 보고서는 다음과 같이 적고 있습니다.

"응답자의 교회에 대한 가장 큰 불평은 교회가 자기의 존재 자체
와 가르침을 제대로 설명하지 못하고 있다는 점, 교회가 교회의 진
정한 의미를 그렇게 열정적으로 강조하지 않고 있다는 점, 교회가
사람들에게 가깝게 접근하지 못하고 있다는 점, 그리고 설교들이
너무 막연하며 그 내용이 불분명하다는 사실이다. 많은 사람들이
교회가 변화해 가는 세계와 보조를 맞추지 못하고 있다고 비판하
고 있으며, 교회가 너무 의식과 신비주의에 치우쳐 있는 데 대해
혐오감을 표시하고 있다."

Q. 우리의 교회, 특히 설교자들이 커뮤니케이션에 깊은 관심을 기
울이지 못한 문제에 대하여 주신 답변에 저는 공감합니다. 그런
데 커뮤니케이션이라는 어휘 자체가 서구의 세계에서 왔습니다. 그렇다면
그들의 환경에서 조성된 커뮤니케이션의 이론과 바탕이 이 땅에서도 그대
로 적용된다고 보시는지요?

A. 아닙니다. 모든 학문은 단순한 수입으로는 그 효과를 거두기 힘
듭니다. 특별히 실천신학 분야의 학문은 무엇보다도 새롭게 적용
되어야 할 문화와 그 민족의 삶의 장을 매우 중요하게 생각해야 합니다. 그
렇지 않을 때 어떤 이론도 물 위에 뜬 기름으로 정착하지 못한 채 표류하게
됩니다.

커뮤니케이션은 그 환경이 절대적으로 중요합니다. 한국의 땅에서 선포의
사역이 성공적으로 커뮤니케이션되기 위하여서는 오늘 이 땅의 '말씀을 들

는 자'들의 마음의 바탕과 사고의 구조와 고유한 언어에 대한 깊은 연구가 있어야 합니다. 그리고 난 후에 새로운 이론의 접목이 가능한지를 타진해야 합니다.

커뮤니케이션의 이론과 실제를 좀 더 효과적으로 우리 문화권에 적용하기 위하여 우선적으로 살펴야 할 커뮤니케이션의 환경은 어떤 것이라고 생각하시는지요? 특별히 커뮤니케이션의 이론이 발생한 서구의 사회에서 볼 수 없는 우리의 고유한 문화적 환경은 어떤 것들이 되겠는지요?

생각해 보면, 이 땅에 사는 우리 민족은 먼저 정치적으로 불안과 위축된 마음이 가득했습니다. 내란과 왜구의 침략으로 야기된 불안한 역사는 최근에 이르기까지 군사정권의 등장과 그들의 통치에서 더욱 가속화되었습니다. 그리고 정권이 바뀔 때마다 이 땅의 국민은 안정을 찾지 못하고, 사정과 개혁이라는 바람결에 숨을 죽이고 무엇이 어떻게 발전되고 달라지려는지 지켜보며 적지 않은 불안과 위축된 국민적 정서를 보이고 있습니다.

둘째는, 한국 종교인의 심성은 윤리적이고 철학적인 것보다는 재앙을 피하고 복을 비는 현재적인 것이 지배적입니다. 그래서 지금까지 교회가 신자를 모으는 데 있어서 이성적인 이론 전개보다는 오히려 신비적이고 이성으로는 판단할 수 없는 감성적인 신의 존재와 그 가르침에 초점을 두어오고 있습니다.

셋째는, 한국인의 언어생활은 사물의 표현과 시제의 활용, 그리고 논리적인 전개 등이 충분하지 못하다는 것이 일반적인 평가입니다. 사실 우리의 말은 부담 없는 대화체로 이어져 왔고, 수사학적인 구조나 발전과는 거리가 먼 것을 쉽게 알 수 있습니다. 우리의 언어 논리는 나와 너와 상황의 삼각관계에서 일어나기 때문에 메시지 그 자체보다 듣는 사람에 대한 관심이 많습니다. 그리고 직선적인 논리보다는 우회적인 추리를 선호하기에 때로는 메시지의 구심점을 잃어버리는 경우가 많습니다.

넷째는, 이 땅의 고유한 수직문화가 서구의 수평문화와 접목이 되면서 '우리'라는 복수적인 개념보다는 '나'라는 단수적 개념이 확산되어 전통적인 권위의 인정과 대화의 양태가 급속도로 달라지고 있습니다. 개인의 성장과 행복이 문화의 목표가 되고, '나'라는 개인이 어떤 힘에 종속되기를 거부하는 서구적인 문화의 물결이 이 땅에 스며들어 전통적인 이 땅의 가치관에 급속한 변화가 일고 있습니다.

끝으로, 이 땅의 커뮤니케이션의 심리구조의 문제입니다. 서구의 문화권에서는 자신을 노출하고 표현하려는 심리와 이를 구조화하는 사회의 제도가 있기에 그 세계를 가리켜 개방 사회라고 부릅니다. 그러나 우리 사회는 남 앞에 자신을 드러내는 것을 언제나 삼가는 것이 도덕적 수양이라고 고정시킵니다. 이런 우리 사회의 커뮤니케이션의 특징은 오세철의 『한국인의 사회심리』가 지적한 대로 "직접적으로 의사전달을 하는 것보다는 돌려서 이야기함으로써 남더러 알아차리게 하는" 우회적인 표현을 쓰는 것이 우리의 특성입니다. 그래서 우리 사회가 직접적인 표현이나 전달보다는 '눈치'가 발달되었고, 바로 이 눈치는 자기 방어적 행동요령이 되었습니다. 이러한 결과는 권위 있는 자의 눈치만 보면서 언행을 할 뿐 진정한 의사를 소통하지 못하는 커뮤니케이션의 심리구조를 가져오게 되었습니다.

 한국의 설교자들이 설교의 성공적인 커뮤니케이션을 위하여 알아야 할 것이 매우 많음을 보면서 무거운 책임감을 느끼고 있습니다. 이제 한국의 설교자들이 마음에 필히 새기고 있어야 할 성공적인 커뮤니케이션의 요건들은 무엇인지 듣고 싶습니다.

 먼저는 피드백(feedback)입니다. 앞에서 그 정의를 살펴보았듯이 피드백의 중요성은 아무리 강조해도 지나치지 않을 것입니다. 피드백을 잘 살펴서 그것을 인식할 수 있어야만 응답하고, 질문하고, 메시지에 대해 나름대로의 의견과 반응을 제시할 수 있는 기회가 주어지기 때문입니다. 누구든지 새로운 사상이나 아이디어에 동참하게 되면 깊은 관심과 흥미를 포함한 어떤 형태의 반응을 보이게 됩니다.

전달자는 언제나 자기 자신에게 끊임없이 물어봐야 합니다. 그 사람이 이해했는가? 그가 메시지를 받아들였는가? 그의 반응은 무엇인가? 그의 반응이 의미하는 바가 무엇인가? 자신이 그의 표정이나 반응의 내용, 그리고 그의 질문을 잘 관찰해야만 질문에 대한 해답을 얻게 됩니다. 여기서 얻어진 해답을 통해서 자신의 메시지를 보다 명확하게 하기 위해 보충해야 할 내용이 무엇이며, 어떤 점을 수정해야 할 것인지에 대한 실마리와 힌트를 얻게 됩니다.

둘째는, 적절성(appropriacy)입니다. 자신의 메시지가 때와 장소에 적절하며, 상대편 대화자에게 적절한지를 생각해 보아야 합니다. 만일 자신이 그들의 배경과 경험과 이해의 수준을 알지 못한다면 자신의 메시지가 그들에게 어느 정도 흥미가 있는지, 어느 정도 가치가 있는지를 확실히 파악하기가 어렵게 됩니다.

사람들마다 정보를 수용할 수 있는 능력이나 욕구가 다릅니다. 각 연령 집단마다 각기 다른 문화적, 교육적, 경제적, 심리적인 배경과 환경이 다르기 때문에 정보 수용에 대해서도 각기 다른 요구와 관심과 능력을 가집니다. 그래서 숙련된 전달자(communicator)는 수신자의 환경이나 배경, 커뮤니케이션이 이루어지고 있는 직접적인 주변 환경, 그리고 자신의 메시지가 가지고 있는 본질에 대해 깊은 이해를 갖고자 노력하고, 이런 깊은 이해를 가진 후에 여러 가지 조건이나 배경에 적절한 메시지를 구상하고 작성합니다.

셋째는, 효율성(efficiency)입니다. 최소의 시간 내에 최대한의 메시지를 나누고 전달하기 위해 계획을 세워야 합니다. 유능한 전달자(설교자)는 새로운 사상의 탐구를 위해 수신자(회중)를 어느 방향으로 이끌어 가야 할 것인지를 잘 알고 있어야 합니다. 그리고 자신의 설교 진행을 강화(reinforce)하기 위해 어떤 도구(tools)를 사용할 것인지도 알고 있어야 합니다.

넷째는, 융통성(flexibility)입니다. 설교자가 그날 전해야 할 메시지는 하나입니다. 어떤 경우에도 메시지의 본질을 손상시켜서는 안 됩니다. 설교자 자신도 환경에 의하여 메시지의 내용을 수정할 수는 없습니다. 그러나 커뮤니케이션의 과정에 피드백을 보아가면서 표현과 전달의 방법을 융통성 있게 대처해 나가는 것은 매우 필요합니다.

예를 들어, 회중이 더운 여름에 모두가 졸음에 시달리고 있다고 합시다. 이때 설교자는 모두를 한번쯤 웃기고 넘어 갈 수 있는 유머를 활용할 수 있습니다. 비록 원고에는 없는 내용이지만, 그 환경에서 융통성을 발휘할 필요가 있다는 말씀입니다. 흔히들 집회에서 긴 설교를 하다가 교인들이 피곤을 느끼는 듯할 때 찬송을 부르게 하는 것 등은 모두 융통성의 한 실례라고 하겠습니다. 즉, 회중의 반응을 보아가면서 커뮤니케이션의 도구들을 융통성 있게 사용하고 표현의 기법을 변화시킬 수 있는 여유가 있어야 한다는 말씀입니다.

대화의 함축된 의미들

커뮤니케이션을 위한 한국의 문화가 비록 순탄하지 못한 환경에 놓여 있다 하더라도 그리스도교의 진리는 모든 세대, 모든 인생의 삶의 근거이며 기초임에는 틀림이 없다. 그러한 까닭에 그리스도 교회의 메시지가 모든 세대에게 수용되고 이해될 수 있는 언어로, 또한 모든 세대의 필요에 따라 전해지는 메시지가 되어야 한다. 그러므로 복음 선포의 책임을 맡은 우리는 우리 자신이 먼저 효과적인 커뮤니케이터, 즉 훌륭한 전달자가 되어야 한다.

효과적인 기독교의 커뮤니케이션은 "세상으로 나가 나의 증인이 되라."는 그리스도의 지상 최대의 명령을 수행하는 가장 소중한 과정이며 과제이다. 이러한 이유 때문에 인간의 복잡한 커뮤니케이션 과정을 탐구하여 그것을 하나님의 메신저로서 성공적으로 도구화하고 그 효과를 극대화하는 것이 바로 우리의 몫이자 사명이다.

부록

1. 그대 여기 Visiting 인가? Calling 때문인가?

◆ 무엇을 보러 나갔더냐? 비단 옷을 입은 사람이냐? 화려한 옷을 입고 호사스럽게 사는 사람은 왕궁에 있다. (눅 7:25)

◆ 이곳은 바보들을 모으는 이상한 무대이다.

◆ Visitor는 문이 닫히기 전에 속히 떠나라.

◆ 목사가 거주하는 성(城)은 입구만 있고 출구는 없다.

2. 목사의 성(城)에 들어와
    읊어야 할 고백의 Sample

▶ 400년전 나라밖의 어느 큰 종의 고백

나는 보았습니다……
마치 빛이 내 위에 막 쏟아져 비취는 것같이……
나는 내가 지금까지 얼마나 과오의 돼지우리에서 뒹굴고 있었는가를,
그리고 내가 얼마나 부정하고 더러워졌는가를 밝히 보았습니다.
내가 빠져 떨어진 그 비참한 상태에 대한 나의 두렵고 떨리는 심정,
영원한 죽음의 절망에 대한 더 무서운 위협,
이런 것 때문에 나는 한 시간도 참을 수가 없었습니다.
그리하여 즉시로 나는 당신이 지시하시는 길을 걷게 되었습니다.
많은 통곡의 눈물로 나의 과거를 저주하면서 나는 떠났습니다.

- 장 칼뱅 -

수십 년 전
나라 안의 어느 무명의 종

그대 위해 삼겨난 몸 난 그대의 것
나로 하여금 무얼 하라시나이까

엄위하신 지존
영원하신 슬기시여
내 영혼 어여삐 보옵시는
님이여, 지존이여, 지선이여
굽어보소서, 더럽고 더러운 이 몸
오늘 이렇듯 그대에게 사랑을 노래하노니
나로 하여금 무얼 하라시나이까

날 지어주셨기에 그대의 것
날 속량해 주셨기에 그대의 것
날 참아 주셨기에 그대의 것
날 불러 주셨기에 그대의 것
날 기다려 주셨기에 그대의 것
나 절개를 꺾지 않았기에 그대의 것
나로써 무얼 하라시나이까

수십 년 전 나라 안의 어느 무명의 종

좋으신 님이여, 미천하기 짝 없는
이 피조물에게 무엇을 하라시나이까
죄 많은 이 종에게 하라고
맡기시는 일이 무엇이오니까
옵소서 내 사랑이여, 여기 이 몸을
봅소서 내 님이여, 여기 있사오니
나로써 무얼 하라시나이까

슬기를 내게 주사이다
사랑 탓인 무지를 주사이다
풍년을 내게 주사이다
주리는 흉년을 주사이다
흐린들 어떠리까, 개인들 어떠리까
이리로 저리로 그을리셔도 좋사오니
나로써 무엇을 하라시나이까

노닐라는 뜻이시면
사랑으로 노니라이다
일 하라는 명이시면
일 하다가 죽으리이다
언제 어디서 어떻게 라고
님하, 말씀만 한 마디 주소서
나로써 무얼 하라시나이까?

(최민순 1912-1975)

3. 그래도 입성(入城)을 하고 싶은가?
그렇다면 인간임을 입증하라.

◎ 그대는 그대의 몸을 쳐 복종케 할 수 있는가?

내가 내 몸을 쳐 복종하게 함은 내가 남에게 전파한 후에
자기가 도리어 버림이 될까 두려워함이로라. (고전 9:27)

◎ 그대 어질고 신실한 인격을 소유했는가?

우선 동방예의지국민(東方禮義之國民)의 신분증을 보여다오.

군자에게 용맹만 있고, 예가 없으면 세상을 어지럽게 한다.
소인에게 용맹만 있고, 예가 없으면 도둑이 된다. - 공자 -

◎ 퓨리탄의 아버지가 울부짖었던 다음의 애절한 부탁이 들리는가?

여러분이 거룩하고 훌륭한 모습을 지닌다면 양떼들도 그렇게 될 것입니다——
오 형제들이여! 그러므로 먼저 여러분 자신의 마음을 돌보시기 바랍니다.
정욕과 정열과 세상적인 경향으로부터 떠나십시오.
신앙과 사랑의 생활을 유지하십시오……자신의 마음을 보살피고 부패를 극복하며
하나님과 함께 살기 위해 자신을 매일 보살피지 않는다면……
모든 사람들은 잘못 인도되며 여러분의 양떼들은 굶어죽게 될 것입니다.
-R. Baxter-

◎ 목사 성주(城主)는 탐욕을 엄금하고 오직 다음의 인간만을 찾으신다.

마음이 가난한 사람, 슬퍼하는 사람, 온유한 사람,
의에 주리고 목마른 사람, 자비한 사람, 마음이 깨끗한 사람,
평화를 이루는 사람, 의를 위하여 박해를 받은 사람,
자신이 섬기는 군주(君主) 때문에 모욕을 당하고, 박해를 핍박을 받고
터무니 없는 말로 온갖 비난을 받은 사람.

4. 성주(城主)는 양심을 유별나게 쉼 없이 점검하신다.

그대 혹시 몇 줌의 보리와 몇 조각의 빵을 위하여 입성하려는가?

너희는 몇 줌의 보리와 몇 조각의 빵 때문에, 내 백성이 보는 앞에서 나를
욕되게 하였다. 너희는 거짓말을 곧이 듣는 내 백성에게 거짓말을 함으로써,
죽어서는 안될 영혼들은 죽이고 살아서는 안될 영혼들은 살리려고 한다.
(겔 13:19)

설교인의 양심은 선악을 구별하는 도덕적 의식의 수준이 아니다.

선과 사랑만이 하나님 앞에 선 당신의 증인이 된다. 깨끗한 양심만이 당신의
죽음을 두려움 없는 것으로 만든다. - 겔레르트 -

하나님은 우리들에게 선을 사랑하게 하기 위하여 양심을, 선을 알게 하기 위
하여 이성을, 선을 선택시키고자 자유를 주었다. - J.J.루소 -

설교인의 양심은 Goal 이 있다.

너희가 먹든지 마시든지 무엇을 하든지 다 하나님의 영광을 위
하여 하라. (고전 10:31)

양심이 흐려질 때 설교인은 추락한다.

남의 설교를 1천편 이상 읽어라. 그러나 본문과 주제를 정한
후에는 결코 그 선악과를 만지거나 따먹지 말라.

5. 에토스(Ethos)가 없는 설교인은
방랑객으로 종말을 고한다.

● Ethos의 정의에 유념하라.

An ethos is the set of ideas and attitudes that is associat ed with a particular group of people or a particular type of activity.

● 설교인으로 나실 그대와 결합된 Ethos는 거주어께 있는 가?

● Ethos가 없는 설교인은 슬픈 종말을 고안다.

6. 설교 사역의 Ethos는
성언운반일념(聖言運搬一念)이어야 한다.

■ 그대는 어떤 분의 부름을 받아 무엇을 하라는 명(命)을 받고, 목적지를 향하여 가고 있는가?

■ 설교인의 입에서 나온 설교는 단순한 설교인의 말이 아니다.

인간의 입으로 나온 말은 하나님의 입을 통하여 나온 말씀과 동일하다. 왜냐하면 하나님께서는 하늘로부터 직접 말씀을 선포하시는 것이 아니라 인간을 그 도구로 사용하시기 때문이다. -장 칼뱅-

■ 참된 설교 사역은 부르시는 분의 말씀을 그대로 손상하지 않고 아름답고 정확하게 운반하는 일이다.

선지자들은 이 사역을 위해 쉼 없이 언제나 하나님을 향하여 지성과 감성의 기능을 모두 열고 주신 말씀을 담기에 바빴다. 그리고 말씀을 받은 선지자들은 지체 없이 백성들에게 그 거룩한 말씀, 곧 성언(聖言)을 운반(運搬)하였다. 그러하기에 그들의 말머리는 언제나 "여호와께서 내게 일러 가라사대……" 였다. (한국교회의 설교학 개론. p. 14.)

■ 참 선지자와 거짓 선지자가 가는 두 길이 언제나 그대 앞에 놓여 있다.

7. 그대들은 성령님의 섭시(攝示)에 눈과 귀를 열어야 산다.

● 성언운반은 그대 단독의 행위가 아니거늘.....

설교는 인간 단독의 행위가 아니고 단순히 발언하고 있는 사람의 말도 아니다. 단지 그를 통해서 하나님이 말씀하신다. ..Leslie Tizard

● 그대를 운반자로 쓰시는 분은 성령님이시다. 그분이 머무실 수 있는 시공간이 그대 안에 준비되어 있는가?

● 나를 도구로 쓰시는 그분의 攝示에 총력을 다하여 집중하라.

● 성령님의 도움을 설교 사역에 어디서 어디까지 한정하고 있는가?

8. 그대의 정신과 심장에 어떤 pathos 의 피가 흐르고 있는가?

■ Pathos란?
먼저는, 하나님의 말씀을 거룩한 말씀(聖言)으로 가슴에 품고 그 말씀에 혼신의 정신을 쏟는다는 뜻이다.
또 하나는, 그 말씀을 필연코 들어야 할 하나님의 백성들을 뜨겁게 사랑하는 가슴을 말한다.

■ 냉랭한 세대에 냉랭한 설교자의 머리만이 강단에 가득한 오늘을 보라.

■ 말씀과 자기 양들에 대한 흠모의 피가 뜨겁게 용솟음치게 하라.

■ 한국교회가 말씀에 미쳤던 그 뜨거웠던 첫사랑을 회복하게 하라.

9. Incarnation의 승화가 없는 목사의 설교는 여공을 칠 뿐이다.

▶ 설교는 그리스도를 만나게 하는 event이다.

설교는 성육신하신 그리스도 그 자신이다..... 말씀으로서 회중 가운데 를 걷고 있는 그리스도 자신이다. -본 훼퍼-

▶ 그대의 설교 메시지와 그대의 삶에 나타난 괴리현상에 유념하라.

말씀의 증거자들이 말씀의 전달자(herald)로서 그 인격 안에 하나님과 성육화되지 않는다면 그리스도와의 소통(communication)은 제한되고, 왜곡되고, 퇴화된다. 이것이 바로 성경의 진리이다. -Fisher-

▶ 오늘 운반해야 할 메시지의 혼과 내용이 자신의 온몸에 가득히 번지도록 하라. 입만 의존하지 말라.

10. 설교단에서 그대가 외친 말은 과연 하나님의 말씀인가?

- 본문말씀(Text)을 떠나 나의 지식과 경험과 판단과 예화로 시간을 다 채우는 것도 과연 하나님의 말씀인가?

- 설교를 목회의 수단과 방편으로 삼은 것도 과연 하나님의 말씀인가?

- 설교자의 기분이 고조되고 맹종의 함성(아멘)을 유도하는 것이 과연 하나님의 말씀인가?

- 한국인으로 한국에서 한국인에게 한국말로 설교함을 명심하라.

맺는 말

그대 진정 소진(消盡)되어야 할 희생물로
그대의 모든 것 다 내 놓으라.
말씀 앞에 정직한 무릎을 꿇으라.
본문을 선포하여 그들의 언어로 들려주라.
그들의 수준에 맞게 정확하게 해석하라.
그들의 삶에 꼭 맞도록 말씀을 연장화(적용)하라.

생명의 만나를 받게 되는 지름길은 진정 마음을 다하고
성품을 다하고 힘을 다하여 나를 부르신 하나님 앞에
때와 장소를 가리지 않고 나아가는 삶이다.
설교자의 경건한 영과 육의 삶이 튼튼할 때 운반해야
할 말씀의 만나는 그대 앞에 펼쳐진다.

한국교회의 강단에 주역들로 나설 그대들아
희초의 설교신학자 어거스틴의 말에 귀를 기울여 다오.

주여, 내 소원이 여기 있사오니 보소서.
아버지여, 보시고 살피시고 가상히 여겨 주소서.
자비하신 주 대전에 은총을 입사와 당신 말씀의 깊은 뜻이
두드리는 내 앞에 열리게 하소서.……
진리이시여, 당신께 비나이다. 주께 비나니 내 죄를 용서하시고
당신 종에게 이미 말씀하신 바를 나로 하여금 알아듣게 해주시
옵소서.